OS ARQUÉTIPOS LITERÁRIOS

Os Arquétipos Literários

E. M. MELETÍNSKI

Tradução
Aurora Fornoni Bernardini
Homero Freitas de Andrade
Arlete Cavaliere

Copyright © 1998 by Eleazar Meletínski

Direitos reservados e protegidos pela Lei 9.610 de 19 de fevereiro de 1998.
É proibida a reprodução total ou parcial sem autorização, por escrito, da editora.

1ª edição, 1998
2ª edição, 2002
1ª reimpressão, 2012
2ª reimpressão, 2015
3ª edição, 2019

Dados Internacionais de Catalogação na Publicação (CIP)
(Câmara Brasileira do Livro, SP, Brasil)

Meletínski, E. M., 1918-2006
 Os Arquétipos Literários / E. M. Meletínski;
tradução Aurora Fornoni Bernardini, Homero
Freitas de Andrade, Arlete Cavaliere. – 3. ed. – Cotia,
SP: Ateliê Editorial, 2019.

Título original: O literaturnykh arkhetipakh.
ISBN 978-85-7480-837-6

1. História e Crítica 2. Arquétipos (Psicologia)
3. Arquétipos na literatura 4. Literatura – História e
crítica 5. Literatura russa – História e crítica
I. Título.

19-29854   CDD-809

Índices para catálogo sistemático:
1. Literatura: História e crítica   809

Iolanda Rodrigues Biode – Bibliotecária – CRB-8/10014

Direitos reservados em língua portuguesa à
ATELIÊ EDITORIAL
Estrada da Aldeia de Carapicuíba, 897
06709-300 – Granja Viana – Cotia – SP
Tel.: (11) 4702-5915
www.atelie.com.br | contato@atelie.com.br
facebook.com/atelieeditorial | blog.atelie.com.br

Printed in Brazil   2019
Foi feito o depósito legal

Sumário

Nota dos Tradutores

9

Apresentação

11

PRIMEIRA PARTE

Sobre a Origem dos Arquétipos
Temáticos, Literários e Mitológicos

15

Referências Bibliográficas

119

SEGUNDA PARTE

As Transformações dos Arquétipos
na Literatura Russa Clássica
Cosmos e Caos, Herói e Anti-herói

121

Referências Bibliográficas

221

Nota dos Tradutores

A transliteração dos nomes russos foi feita a partir da tabela de correspondências utilizada pelo curso de Russo da USP. Foram incluídas notas referentes a termos russos, sempre que necessário para a melhor compreensão do texto. Não há notas no texto original russo. Notas dos tradutores foram incluídas para explicar usos específicos de certos termos.

Alfabeto Russo	Transcrição para registro catalográfico ou linguístico	Adaptação fonética para nomes próprios
А	A	A
Б	B	B
В	V	V
Г	G	G, Gu antes de *e, i*
Д	D	D
Е	E	E, Ié
Ё	Io	Io
Ж	J	J
З	Z	Z
И	I	I
Й	I	I
К	K	K
Л	L	L
М	M	M
Н	N	N
О	O	O
П	P	P
Р	R	R
С	S	S, SS (intervocálico)
Т	T	T
У	U	U
Ф	F	F
Х	Kh	Kh
ц	Ts	Ts
ч	Tch	Tch
Ш	Ch	Ch
Щ	Chtch	Chtch
ъ	"	
ы	Y	Y
ь	'	
Э	È	È
Ю	Iu	Iu
Я	Ia	Ia

Apresentação

Eleazar Mosséievitch Meletínski, uma das figuras mais importantes das Ciências Humanas na Rússia, autor de livros como *O Herói do Conto de Magia* (1958), *Origens do Epos Heroico* (1963), *A Edda e as Formas Primitivas de Epos* (1986), *A Poética Histórica da Novela* (1990) e conhecido no Brasil pelo clássico *A Poética do Mito* (1976) (trad. Paulo Bezerra, São Paulo, Forense Universitária, 1987), nasceu em Khárkhov em 1918 e viveu em Moscou, com a mulher, num apartamento repleto de livros e sombreado pelas copas das árvores do bosque, que, como quer a tradição, sempre envolveram os prédios de poucos andares construídos na época socialista.

Com ele estivemos em junho de 1994, pouco depois de ele ter estado em São Paulo a convite de instituições como a PUC e a ECA, sob o patrocínio da Fapesp. Tivemos ocasião de falar longamente de suas pesquisas, do Instituto de Altos Estudos das Humanidades que dirige em Moscou desde sua fundação em 1992, onde foram (e são) convidados os "maiores sábios do mundo", bem como da revista *Arbor Mundi*, ligada ao Instituto.

Após terminar, em 1940, o ciclo ocidental dos estudos filológicos na Universidade de Moscou, foi envolvido pelas vicissitudes da Segunda Guerra Mundial e enviado primeiro para o fronte sul, depois para o do Cáucaso e acabou condenado, em pleno stalinismo, a dez anos de prisão. Ficou dez meses preso na capital da Geórgia e depois foi evacuado para Tachkent, onde encontrou, entre outros, V. M. Jirmúnski, como ele discípulo de Vesselóvski, a quem se ligaria por laços de estreita colaboração.

Retomou, aí mesmo, seus estudos na Universidade da Ásia Central e defendeu seu Doutoramento. De 1946 a 1949 lecionou Literatura na Universidade da Carélia e foi novamente preso, sendo reabilitado em 1954. Desde então tem lecionado em diferentes Institutos e Universidades (destaca-se, em particular, sua ativa participação na assim chamada Escola de Tártu) e a partir dos anos 1980 trabalhou junto à cátedra de História e Teoria da Cultura Universal da Universidade de Moscou, tendo-se destacado por seu interesse pelos estudos ligados à poética histórica e à mitologia comparada, ao desenvolvimento da tradição do folclore narrativo e épico-heroico, desde suas origens, no mundo inteiro. Mais recentemente tem cuidado da organização da enciclopédia *Mitos dos Povos do Mundo* (Moscou, 1980) e de uma série de obras coletivas como *História da Literatura Universal, Monumentos do Epos Literário, Contos e Mitos dos Povos do Oriente, Dicionário Mitológico* etc.

Em seus últimos trabalhos – entre os quais está o livro *Os Arquétipos Literários* (1994), que apresentamos aqui em tradução inédita publicada em 1998, como uma das comemorações em homenagem aos seus oitenta anos – sempre dentro da linha-mestra de sua pesquisa que ele mesmo definia como indo sincrônica e diacronicamente "do mito à literatura", incorporando poética histórica, estruturalismo e semiótica, tem-se dedicado ao estudo das estruturas mentais da humanidade, e em particular, à análise da teoria dos arquétipos, tomados dentro da acepção clássica junguiana, à qual porém aporta uma série de modificações. (À ideia junguiana de que o mito representaria a harmonização do pensamento individual consciente com o pensamento coletivo subconsciente ele objeta o fato, aliás detalhado neste livro, de que as complexas relações individuais/coletivas ainda não estão refletidas no "estádio" do mito, começando a manifestar-se no estádio do romance cortês e medieval, sendo a função do mito a de harmonizar as relações do homem com a sociedade e o mundo que o envolve e não apenas a consciência individual com a subconsciência coletiva.)

Numa fala curta e incisiva, além de aos já citados Vesselóvski, o iniciador da escola russa de poética histórica e seu discípulo Jirmúnski, Meletínski refere-se a V. Propp, seu amigo e mestre, a Lévi-Strauss, de quem aplaude a compreensão dos elementos racionais no mito, apesar de que muitas vezes, para efetivá-la, "ele substitua as construções racionais indígenas pelas suas próprias" e a muitos outros.

Nessa sua, digamos, atualização do pensamento mítico universal, ele não só defende suas posições ("Não acredito que Lévi--Strauss esteja certo no tratamento do Édipo: ele reflete o mitologema da mudança de gerações; o erotismo só significa que o herói está maduro para passar à iniciação, que é um ato social"), mas dentro da tradição da melhor crítica russa, conforme já foi apontado por Boris Schnaiderman, em suas aulas, ele sabe assimilar o que o Ocidente tem de mais significativo e devolvê--lo enriquecido e visto por um enfoque diferente e muitas vezes inesperado.

Aurora Fornoni Bernardini

PRIMEIRA PARTE

Sobre a Origem dos Arquétipos Temáticos, Literários e Mitológicos

O propósito do presente trabalho é estudar a origem daqueles elementos temáticos permanentes que acabaram se constituindo em unidades como que de uma "linguagem temática" da literatura universal. Nas primeiras etapas de desenvolvimento esses esquemas narrativos caracterizam-se por uma excepcional uniformidade.

Nas etapas mais tardias eles são bastante variados, mas uma análise atenta revela que muitos deles não passam de transformações originais de alguns elementos iniciais. A esses elementos iniciais pode-se atribuir a denominação de arquétipos temáticos, para maior comodidade.

O conceito de "arquétipos" foi introduzido na ciência contemporânea pelo fundador da psicologia analítica K. G. Jung. Apoiando-se na utilização que deste termo fizeram Fílon de Alexandria, Dioniso Aeropagita e em algumas representações semelhantes de Platão e Santo Agostinho, Jung mostrou também a analogia entre esses arquétipos e as "representações coletivas" de

Durkheim, as "ideias *a priori*" de Kant e os "modelos de comportamento" dos behavioristas.

Jung entendia por arquétipos basicamente (embora sua definição varie muito em diferentes momentos de sua obra) certos esquemas estruturais, pressupostos estruturais de imagens (que existem no âmbito do inconsciente coletivo e que, possivelmente, são herdados biologicamente) enquanto expressão concentrada de energia psíquica, atualizada em objeto.

O conceito de inconsciente coletivo foi tomado emprestado por Jung dos representantes da escola francesa de sociologia (as "representações coletivas" de Durkheim e Lévy-Bruhl).

Os arquétipos "coletivos", no entender de Jung, deviam basicamente opor-se aos "complexos" individuais de S. Freud, deslocados para o subconsciente.

Jung e seus seguidores (J. Campbell, E. Neumann e outros) analisaram a mitologia dos povos do mundo inteiro como produto da realização direta dos arquétipos. É muito importante a opinião de Jung quanto ao caráter metafórico dos arquétipos (e não alegórico, como queria Freud): seriam grandes símbolos, muitas vezes plurívocos, e não signos, embora em algumas interpretações Jung ainda acompanhe Freud, até certo ponto.

Sabe-se que para Freud o mito mais importante era o de Édipo, no qual ele viu a expressão nítida do erotismo infantil dirigido para a mãe e passível de suscitar o ciúme do pai (o assim chamado complexo de Édipo). O freudiano O. Rank via nisso principalmente o trauma do nascimento e a tendência a voltar ao útero materno (Adler sublinharia a tendência do herói efeminado a dominar a mãe). Jung também reconhece o ciúme infantil e a tendência para a regressão à infância, mas considera secundária a erotização, que substitui a rivalidade pela comida.

Os arquétipos da "mãe", da "criança", da "sombra", do *animus* (da *anima*) são considerados por Jung os mais importantes arquétipos mitológicos ou mitologemas arquetípicos. A "mãe" expressa o elemento do inconsciente eterno e imortal. A "criança" simboliza o princípio do despertar da consciência individual a partir das forças do inconsciente coletivo (mas também a ligação com a indiferenciação inconsciente primitiva e a "antecipação" da morte e do novo nascimento). A "sombra" está à soleira da consciência e é a parte inconsciente da personalidade, podendo se apresentar como o duplo (sósia) demônico[1]. A *anima* do homem e o *animus* da mulher encarnam o princípio inconsciente da personalidade que se manifesta enquanto sexo oposto e o "velho sábio" (ou "velha") são a síntese espiritual mais alta, que harmoniza, na velhice, as esferas inconsciente e consciente da alma.

Salta logo aos olhos que os arquétipos junguianos, em primeiro lugar, são antes imagens, personagens, papéis a serem desempenhados e, apenas em medida muito menor, temas. Em segundo lugar, que basicamente todos esses arquétipos representam etapas do que Jung chamou de processo da individuação, isto é, o destacar-se gradativo da consciência individual a partir do inconsciente coletivo, a mudança da correlação consciente/inconsciente na personalidade humana, até sua harmonização final no término da existência. De acordo com Jung, os arquétipos traduzem os acontecimentos anímicos inconscientes em imagens do mundo exterior.

Poder-se-ia concordar com isso até certa medida, mas na prática verifica-se que a mitologia coincide completamente com a psicologia e esta psicologia mitologizada é tão somente a autodescrição da alma (a "linguagem" e a "metalinguagem" como que coincidem).

---

1. Na presente obra, o termo "demônico" deve ser entendido em seu sentido mitológico, como referência ao "espírito sobrenatural que na crença grega apresentava uma natureza intermediária entre a mortal e a divina, frequentemente inspirando ou aconselhando os humanos" (Cf. *Dicionário Houaiss*).

Alma esta que desperta para a existência consciente individual apenas como história da relação mútua dos princípios do consciente e do inconsciente na personalidade, como processo de sua (deles) harmonização gradativa no desenrolar-se da existência humana, como passagem da *persona* dirigida para o exterior ("máscara") para a mais elevada "mesmidade" (especificidade)[2] da personalidade[3].

Acredita-se que a mútua correlação entre o mundo interior do homem e seu ambiente são tanto objeto da imaginação poética e mitológica quanto a correlação anímica dos princípios do consciente e do inconsciente. Pensa-se igualmente que o mundo exterior não é apenas material para a descrição de conflitos puramente interiores e que o caminho da vida humana se reflete nos mitos e nos contos maravilhosos, principalmente no plano da correlação entre personalidade e coletivo, mais do que no da confrontação ou da harmonização do consciente e do inconsciente. Uma outra história – e aqui Jung está completamente certo – é o fato de o momento inconsciente[4] e as profundezas do inconsciente coletivo se refletirem tanto no mecanismo quanto nos objetos da imaginação.

Em seu livro *Origem e História da Consciência* (1949), o junguiano E. Neumann apresentou de forma mais sistemática as raízes arquetípicas e a evolução da consciência. Ele chama de arquétipos as "dominantes transpessoais" e insiste no fato de que o conteúdo transpessoal primordial se personaliza por hereditariedade ("personalização secundária"). Os mitos da criação, de acordo com Neumann, são justamente a história do nascimento do "eu", a emancipação gradativa do indivíduo e o sofrimento a

---

2. Do original russo самость (*sámost'*): "mesmidade", "especificidade", "tipicidade".
3. Do original russo личность (*lítchnost'*): "personalidade", embora em russo possa ser traduzida também como "individualidade"; esta última (индивидуальность, [*individuál' nost'*]) refere-se a uma personalidade de traços mais seguramente definidos.
4. Em russo o termo момент (*moment*): "momento", pode querer dizer também "elemento". Aqui parece implicar a contraposição individual/coletivo.

ela ligado. A criação, afirma Neumann apoiando-se em E. Cassirer, é sempre criação de um mundo, mas Neumann refere-se a este como ao mundo da consciência, que domina as forças do inconsciente.

A coesão primordial do inconsciente é simbolizada pelo círculo, pelo ovo, pelo oceano, pela serpente divina, pela mandala, pela essência primeira, pelo conceito alquímico de *uroboros*.

O útero fértil da Grande Mãe é expresso pelas imagens do dia, do mar, da fonte, da terra, da caverna, da cidade. Neste estágio, correspondente à estada da criança no útero materno (a identidade de filogênese e ontogênese!), a morte e o nascimento têm lugar a cada noite, e a existência antes e depois da morte é idêntica. A este estágio corresponde também a união incestuosa direta inocente com a mãe. O *uroboros* materno é pré-sexual e hermafrodita. Neste estágio os atos da digestão e da excreção existem como forma de manifestação da atividade, do nascimento.

O desenvolvimento individual dá-se como separação do *uroboros*, como entrada no mundo e encontro com o princípio universal das contradições, das oposições, que desenvolvem a unidade primordial – a plenitude –, na integralidade. O *uroboros* e sua soberania estão estritamente ligados com a imagem da Grande Mãe (o "matriarcado" enquanto estádio psíquico), associada com a terra e com a natureza absolutamente inconsciente, em contraposição à cultura.

A criança (o "eu" nascente) é apresentada ora como relativamente vulnerável, ora como acompanhante divino da Grande Mãe, como seu amante (associado ao falo), detentor de uma existência não propriamente individual, mas ainda ritual.

Na etapa do "eu" desenvolvido, a figura da Grande Mãe passa a receber uma conotação negativa: é a natureza selvagem, a encantação, o sangue, a morte. Inicia-se a ruptura com a mãe e a oposição a ela. No começo em termos de autocastração ou suicídio (Átis, Eshmun, Batu) depois, de uma revolta decisiva (Narciso, Penteus, Hipólito), e recusa de seu amor (Guilgamesh). A madrasta – e Fedra está neste rol – é a transformação da Grande Mãe: se a mãe é boa, ao lado dela pode surgir a contrapartida má. O simbolismo dos gêmeos antagônicos como que exprime o mesmo simbolismo da mãe.

Ocorre em seguida o afastamento dos pais (no sentido de a criança desligar-se deles), do pai e da mãe, depois do que surge propriamente o mundo, a consciência e a cultura e aparecem outras oposições. O desprendimento do "eu" consciente a partir do inconsciente é expresso pelo arquétipo da luta. O desprendimento dos pais, que ocorre no filho, é análogo à luta com o dragão. O "eu" se torna o herói ("primeira personalidade"), que é, em princípio, o precursor arquetípico da humanidade como um todo. Na etapa do heroísmo quem ganha é decididamente o princípio masculino. Ele não é nem ctônico nem sexual como o materno, e tem um caráter espiritual. O totemismo de E. Neumann diferencia o masculino pelo espírito (o que em si mesmo é bastante discutível). Graças à luta com o dragão ocorre a transformação do herói, cujo sentido deve ser encontrado no surgimento de uma forma mais elevada de personalidade. O dragão traz a marca do *uroboros*.

O equivalente disso é também o incesto com a mãe, que pode tornar-se agora uma forma de vitória sobre ela (compare-se a entrada na caverna à descida ao inferno). O próprio dragão – o símbolo do *uroboros* – pode ser visto como bissexual, associado em parte também com o princípio masculino. O pai terrestre pertence ao reino da matéria, da terra. Consequentemente, a luta com o dragão é a luta com os primeiros genitores, em particular com o pai que representa a ordem e a lei contra quem pode insurgir-se o filho (cf. os pais mitológicos que podem devorar seus filhos à luta de Prometeu contra Deus etc.).

Ao matar o dragão, o herói liberta a prisioneira e alcança o tesouro. Neumann (seguindo Jung, é claro) vê isso como a descoberta da alma verdadeira (a psique), como o domínio da própria *anima*, como a união do consciente do herói com a parte criativa da alma. Na imagem da prisioneira (a *anima* – o eterno feminino) é vencida a imagem da mulher-Grande-Mãe ruim e dá-se o deslocamento da endogamia para a exogamia.

O herói torna-se apto para o casamento, libertando-se da esfera dos pais graças à iniciação (dos rituais da iniciação no amadurecimento sexual). Deste ponto de vista Neumann analisa os mitos da luta com o dragão de Perseu, Teseu, Héracles e do egípcio Osíris, em cuja história ele vê o rumo da transformação da individualidade, do autoaperfeiçoamento da alma até a sua "identicidade" mais elevada, como uma das individuações da totalidade junguiana. Um grande espaço é dedicado por Neumann à análise da formação da consciência individual "a partir de dentro", fora da ligação com o mito e com a fábula (conto maravilhoso).

O mito do herói é analisado por C. Baudouin, sempre do ponto de vista junguiano, no livro *O Triunfo do Herói* (1952). O que importa, na sua opinião, é o "segundo nascimento", e também o motivo dos sósias-substitutos.

Trata-se basicamente das teorias de Jung e de J. Campbell, o qual, apoiando-se em Schopenhauer e em Nietzsche, complementa suas concepções com as de outros psicanalistas e ritualistas, que reduzem a inteira cultura ao ritual. Campbell é autor da monografia *O Herói de Mil Faces* (1948) e do compêndio em quatro volumes *As Máscaras de Deus* (1959-1970). No primeiro livro ele analisa alguns "monomitos heroicos" que contêm a história do herói a partir de sua saída de casa até o retorno solene. A história contém as provações para atingir a graça e a obtenção da força mágica. À biografia do herói são associados paralelos cosmológicos.

A inclusão do papel da iniciação no mito do herói (depois de P. Saintyves em *Pierrô e Contos Paralelos* [1932] e de V. I. Propp em *Raízes Históricas dos Contos de Magia* [1946]) é plenamente justificável, mas a iniciação em si é analisada por Campbell exclusivamente a partir do ponto de vista da psicologia analítica, ou seja, enquanto aprofundamento do indivíduo em sua alma à procura de novos valores. Campbell observa, com razão, que a recusa a iniciar-se coloca o indivíduo fora da sociedade. Em *As Máscaras de Deus* ele trata a mitologia de forma biologizante, vendo nela a função de sistema nervoso, onde os símbolos sígnicos liberariam e orientariam a energia.

A iniciação também é vista como a força que supera as tendências libidinosas infantis (cf. a concepção do psicanalista G. Horkheim). Outros momentos do mito do herói são ligados por Campbell ora ao trauma do nascimento (de acordo com O. Rank), ora mesmo ao complexo de Édipo (não como o analisa Jung, mas, sim, Freud). Vendo nos mitos uma motivação de diferentes fatores físico-psíquicos, Campbell fornece um apanhado impressionante da mitologia dos povos do mundo. Nesse mesmo sentido ele interpreta a "mitologia criativa" da literatura modernista do século xx.

Os representantes da mitologia analítica aplicaram também ao conto maravilhoso seus princípios de análise dos mitos. Em decorrência disso, os modelos e os episódios da narrativa maravilhosa são vistos como símbolo ou mesmo como alegorias das diferentes etapas relacionadas ao consciente e ao inconsciente. A luta com o dragão pode ser tratada como luta contra a própria "sombra" demônica de cada um, a bruxa pode ser vista como encarnação da Grande Mãe, com quem coincide também a vovozinha de Chapeuzinho Vermelho e até mesmo o lobo que a devora. O casamento com o príncipe ou com a princesa é entendido como a reconciliação com seu próprio mundo interior e manifestação da individuação; o encontro com o velhinho como a expressão superior da individuação (sobre isso escrevem Leiblin, Frank, Leckler e Delaché, Rumpf etc.).

O junguismo e o ritualismo produziram, unindo-se, a crítica mitológico-ritual, um dos ramos da assim chamada nova crítica. O ritualismo, que provém de Frazer e de seus discípulos da "escola de Cambridge" (J. Harrison, F. M. Cornford, A. B. Cook), considera os rituais não apenas a base dos mitos e dos temas mitológicos, mas também o fundamento de toda a Antiguidade e da cultura posterior (cf. os trabalhos de G. Marr, lord Reglan, S. Khaiman, P. Saintyves, R. Carpenter, E. Miro e G. R. Levi).

D. Weston abriu caminho para a interpretação ritualística do romance de cavalaria. K. Veisinger, Kh. Watts, F. Ferguson, N. Frye fizeram do drama o objeto favorito da abordagem ritualística e mitológico-ritualística, especialmente o drama de Shakespeare. Uma plêiade inteira de críticos interpreta assim a literatura moderna que tende à mitologização, mas em parte também a literatura do século xix.

M. Bodkin, autor de *Modelos Arquetípicos na Poesia* (1934), e especialmente N. Frye, autor de *Anatomia da Crítica* (1957), entre outros trabalhos, são os principais teóricos da escola que reúne ritualismo e junguismo, no estudo dos arquétipos. Bodkin, ao estudar as metáforas na poesia, viu nelas o nascimento da vida emotiva suprapessoal: uma atenção particular é dada por ele ao arquétipo do novo nascimento, aos símbolos da passagem da morte para a vida (associados aos ritos da iniciação); aos símbolos do crescimento de tudo o que é vivo, às imagens do divino, do demônico e do heroico. Frye considera o *Ramo Dourado* de Frazer e os trabalhos de Jung sobre os símbolos da libido a base da análise literária. Ele acompanha Jung em muitos aspectos, mas não considera obrigatória a hipótese do inconsciente coletivo. Para ele o mito e o ritual, o mito e o arquétipo são únicos e não são a fonte da arte verbal (como o são para os ritualistas), mas sua essência. O mito é a união do ritual e do sonho, em forma de comunicação verbal. Os ritmos poéticos – afirma Frye – são

26 ❧ E. M. MELETÍNSKI

estritamente ligados ao ciclo natural pela sincronização do organismo como os ritmos naturais, por exemplo, com o ano solar: a aurora, a primavera e nascimento estão na base dos mitos do nascimento do herói, sua ressurreição e a derrota das trevas (este é o arquétipo da poesia ditirâmbica). O zênite, o verão, a união, o triunfo dão origem aos mitos da apoteose, dos esponsais sagrados, do paraíso (o arquétipo da comédia, do idílio, do romance). O pôr do sol, o outono, a morte levam aos mitos do dilúvio, do caos e do fim do mundo (arquétipo da sátira). A primavera, o verão, o outono e o inverno originam respectivamente a comédia, o romance de cavalaria, a tragédia e a ironia.

Assim, os ciclos naturais determinam não apenas as imagens e os temas, mas inteiros gêneros. Frye vale-se do simbolismo da Bíblia e da mitologia antiga para explicitar a "gramática dos arquétipos literários".

Na "fase" mítica o símbolo atua como unidade de comunicação – como arquétipo. Porém esta fase é precedida por uma série de outras: a literal (o símbolo como imagem, detentor potencial de um grande número de significados, visto não como reflexo da realidade, mas antes como um "aposto" dela). A união dos símbolos numa "mônada" universal (os símbolos arquetípicos se tornam formas da própria natureza) constitui, segundo Frye, a fase analítica.

Na organização dos símbolos arquetípicos Frye distingue a identificação metafórica e analógica das associações ou comparações mais distantes. Por exemplo, em lugar do mito do deserto, que floresceu graças ao deus da colheita, surge a história do herói que mata o dragão e salva a filha do velho rei (este último, no mito, não se diferencia do dragão). Se o herói não é o genro, mas, sim, o filho do czar e a mulher a ser salva é a mãe dele, estamos diante do mito de Édipo. Tal como Campbell, Frye desloca para o primeiro plano o ciclo da existência do homem (daí o fato de o mito da "busca" ser para ele o mais importante).

Não se deve subestimar o que foi conseguido pela psicologia analítica e pela crítica mitológico-ritualística em termos de descrição e explicação de certos arquétipos, isto é, de esquemas primordiais de imagens e de temas, que constituem um certo fundo emissor da linguagem literária, entendida no sentido mais amplo.

Mas é preciso lembrar da falha básica dessas orientações que redundam no reducionismo biopsicológico e ritualístico das fontes e da própria essência das imagens e temas da literatura, à vida interior do espírito (no plano da correlação de seus elementos conscientes e inconscientes), ou a ritos (diretamente identificáveis com a narrativa).

G. Durand ocupa uma posição um pouco diferente daquela da psicanálise. Em *Estruturas Antropológicas do Imaginário* (1969), apoiando-se nas obras do filósofo francês G. Bachelard, ele tenta dar uma classificação das imagens arquetípicas, em muitos aspectos alternativa em relação à classificação junguiana. Ele se coloca contra o reducionismo junguiano e vê os arquétipos dentro das molduras de uma psicologia poética.

Partindo da "complementaridade" entre ciência e poesia e da pluriestratificação dialética do conhecimento, Bachelard se interessa pelos problemas da psicologia e da fenomenologia e, em particular, começa pela análise da percepção direta dos quatro elementos naturais (fogo, água, ar e terra) e em seguida das diferentes propriedades de fenômenos, sonhos etc., como geradores de determinados arquétipos imagéticos. Valendo-se de alguns princípios da psicologia analítica, estabelece em relação a eles algumas complementações importantes.

Durand acha que devido à influência das estruturas dos esquemas primordiais os símbolos se transformam em palavras e os arquétipos em ideias e que, dessa maneira, o mito passa a ser um sistema dinâmico de símbolos, de arquétipos e de esquemas e se transforma em narrativa. À organização dinâmica do mito corresponde a estática, sob o aspecto de uma "constelação de imagens". Durand constata o conhecido dualismo na esfera dos arquétipos, a oposição entre os "regimes" diurno e noturno nos esquemas primordiais (cf. o imaginário "apocalíptico" e "demônico" em Frye). Como ponto de partida do "regime diurno", Durand analisa o medo diante de um movimento no tempo, como também diante do destino ou da morte que assume a forma de uma animação irrequieta, de um movimento caótico dos insetos e dos répteis, da corrida ctônica do cavalo, dos carnívoros e devoradores de carne humana, procurando a morte.

De acordo com Bachelard, o silêncio é o complemento do ruído, por isso surgem imagens de escuridão, treva, cegueira (a figura "inquieta" do cego), água escura, sangue menstrual (transformação sexual), com os quais está ligada a noite, a assustadora mãe feiticeira, e igualmente a queda, o abismo. A queda é simbolizada pela carne como material do sexo e da digestão (cf. o pecado original).

Como opostos atuam os esquemas da ascensão, da escada, o arquétipo do mundo primaveril, da altura, o voo rápido, a asa e a seta, a sublimação purificadora da carne, a imagem do anjo. O poder combativo é expresso por símbolos viris (a luta, a guerra, a cabeça, o chifre fálico, o sacerdote). Paralelos a ele são os símbolos solares, luminosos, igualmente isomorfos da fala, do saber, da divina transcendência. A luz tem a tendência de transformar-se em raio ou espada e a expansão, em exaltação diante de um inimigo derrotado. Daqui ao arquétipo do herói combativo, vencedor do dragão, é um passo. A vitória é vista como purificadora da alma.

O "regime diurno" é comparado por Durand às reações esquizofrênicas negativas enquanto o "regime noturno", ao contrário, sente-se atraído pelo compromisso (devido à ambivalência da libido), pelos eufemismos, pela ênfase dada ao processo rítmico que leva ao novo nascimento.

A periodicidade acalma a corrida do tempo; a imaginação, de modo correspondente, regula e organiza. Produz tanto uma inversão de valores quanto um desprendimento da estabilidade no tempo. Na própria noite ocorrem buscas de luz: a queda torna-se imersão na condição pré-natal, a noite é percebida como um prenúncio do dia. Após cada "deglutição" há a "devolução" do que é deglutido, a libertação do ventre do monstro. É utilizada a oposição binária (enganado/enganador etc.) e as imagens ternárias são de qualquer maneira minimizadas.

Paralelamente a isto tudo, como que se discerne a linguagem da mística e sua mudança de ativo a passivo, constituinte a constituído, inferior a superior, com a transformação eufemística da treva em noite, do túmulo em berço, da genitora em mãe etc. Disso tudo decorre uma totalidade de símbolos cíclicos, ou seja, de símbolos de uma repetição-reversão bem-sucedida ou de salvação messiânica. Esses símbolos se opõem ao tempo, base da repetitividade do calendário. A repetição do drama sagrado do tempo é a iniciação. Seu análogo são as "estruturas sintéticas" do imaginário, que levam ao pensamento histórico.

Em outro livro, *Figura Mitológica e Rostos da Criação* (1979), Durand desenvolve suas ideias, apoiando-se em grande parte na já referida monografia de Baudouin, e criticando as pretensões cientificistas dos estruturalistas, ligadas à semântica linguística. Numa série de esboços concretos, Durand liga as diferentes épocas da criação literária à hegemonia de uma ou de outra personagem mitológica antiga – no começo Prometeu, depois Dioniso e finalmente Hermes. Em alguns momentos, eles como que brigam entre si, por exemplo Dioniso e Prometeu, no romantismo europeu. O próprio mito, como afirma Durand seguindo Jung e em parte Lévi-Strauss, sempre se apresenta como a arena em que se confrontam algumas oposições. Essa última tese merece uma atenção especial, uma vez que a narrativa em si costuma encerrar a oposição e a luta de certas forças.

Contudo, devido a seu reducionismo psicológico ou mitológico-ritualístico, que pretende conduzir à modernização do mito arcaico e à arcaização da literatura moderna, não se podem aceitar *in toto* nem as concepções de Jung ou de Frye, nem a de Bachelard-Durand.

Tanto Jung quanto os outros teóricos acima lembrados, quando falam dos arquétipos, não têm em vista os temas[5], mas um repertório de figuras-chave ou objetos-símbolos que dão origem a alguns motivos. Sem falar do fato de que o paradigma de figuras-chave apresentado por Jung suscita sérias dúvidas (uma vez que essas figuras dizem respeito apenas às etapas da individuação), os próprios temas estão longe de ser sempre secundários e recessivos: eles podem unir-se a diferentes imagens e dar origem a outras tantas. Além disso, os psicólogos analíticos, tanto quanto os junguianos ou os seguidores de Frye, partem de uma grande "abertura", e por isso mesmo do caráter arquetípico dos mitos (por exemplo, quando comparado ao das fábulas), aduzindo elementos subconscientes congênitos. Isso não é absolutamente exato, uma vez que os motivos subconscientes estão igualmente ligados à ambiência social, enquanto a matricialidade[6] temática, que permite a liberação dos arquétipos (como "tijolos" literários), configura-se gradativamente, a partir de uma narrativa mais amorfa.

Não se deve esquecer que, na mitologia, a própria descrição do mito é possível somente em forma de narrativa da formação dos elementos desse mundo, e mesmo do mundo como um todo.

---

5. Aqui é usado o termo russo сюжет (*siujet*), que, além de "tema" ("motivo fundamental"), em outras acepções pode significar "argumento", "enredo", "trama".

6. O original russo vale-se aqui do termo abstrato оформленность (*oformliénnost*'): "formatividade", "propriedade de ser matriz".

Isso é explicado pelo fato de que a mentalidade mítica identifica o começo (a origem) e a essência, por isso mesmo dinamizando e narrativizando o modelo estático do mundo. Sendo assim, o *pathos* do mito começa bastante cedo a reduzir-se à cosmicização do caos primordial, à luta e à vitória do cosmos sobre o caos (isto é, a formação do mundo redunda, ao mesmo tempo, em seu ordenamento). Justamente este processo de criação do mundo é o principal objeto da representação e o principal tema dos mitos mais antigos.

Mas como será que isso se liga à concepção junguiana que vê na mitologia e no folclore a expressão do processo da assim chamada individuação, isto é, do despertar da consciência individual e sua gradual harmonização com a situação inconsciente-coletiva inicial e com o conteúdo da psique? Poder-se-ia realmente aproximar o inconsciente coletivo do caos, e o consciente do cosmos (esta não é uma ideia de Jung, mas minha reflexão pessoal), mas não há dados de nenhuma espécie que nos permitam ver no relato da criação do mundo tão somente a metáfora da individuação, mesmo que entendida como cosmicização da consciência individual.

Pelo fato de existir uma influência recíproca entre a natureza e o meio social, a personalidade humana durante muito tempo continuou ligada à esfera da natureza (por isso a natureza é muitas vezes pensada em termos humanos e a humanidade em termos naturais) e, o que é mais importante, não se separou – enquanto personalidade – do conjunto da sociedade (*socium*). Se muitos deuses e demos pareceram ao homem primitivo "donos" de diferentes forças da natureza ou partes separadas dela, então os primeiros ancestrais – os demiurgos –, os heróis culturais, esses primeiros heróis da narrativa folclórica, encarnaram em si mesmos o primeiro coletivo da tribo, ou seja, o *socium* como reunião das "pessoas verdadeiras" (à diferença das "não-pessoas" que ficavam além dos limites do coletivo da tribo nativa).

Mesmo imagens mais desenvolvidas dos heróis – "super-homens" da mitologia antiga conservaram um caráter *super*, *inter* ou *pré*. Somente em virtude da identificação de um membro da tribo primitiva com seu *socium* é que ocorre a conhecida provação do herói. E durante muito tempo a personagem mítica de origem semidivina só ficou sonhando em ter suficiente liberdade de ação para tornar-se "herói".

Tendo diante de si a tarefa prática de dominar o mundo, o homem o estrutura (isto é, o mundo e não seu próprio espírito) teoricamente em forma de relato (narrativa) de suas origens, sendo que o constrói de tal forma que lhe sejam asseguradas relações harmoniosas com ele (por conta do diálogo, da troca, da magia, da religião). Não apenas a ordem do mundo, mas também sua importante harmonização com as exigências humanas encontra-se no programa de cosmicização, exigindo o momento oportuno da luta ativa dos heróis contra as forças demônicas do caos.

O mito da criação é o mito básico, fundamental, mito *par excellence*. O mito escatológico é apenas mito da criação pelo avesso, narrando durante a maior parte do tempo a vitória do caos (pelo dilúvio, incêndio etc., no fim do mundo ou no fim de uma época cósmica). Algo intermediário é representado pelos mitos das estações nos quais a morte temporária da natureza, muitas vezes personificada por um deus que morre e ressuscita como herói, serve bem à sua renovação cíclica.

Apenas no mito heroico mais tardio e, sobretudo, no conto maravilhoso, começa-se a falar na "criação" ou "cosmicização" *sui generis* da personalidade, cuja biografia corresponde à série de ritos de passagem, o primeiro dos quais é o da iniciação que transforma a criança – graças a uma morte ritual temporária e a diversas provações – em membro plenamente válido da tribo. Aqui fala-se basicamente não apenas do despertar da consciência individual, mas também da socialização, da iniciação para ingresso no meio social "maduro" e para sua integração nele.

No mito heroico, a biografia da personagem principal, que passa por provações propiciatórias, é frequentemente associada à troca ritualística de gerações. Isso ocorre principalmente sob o aspecto da troca de chefe, isto é, de um processo que está no limite entre o biológico e o social. Os motivos eróticos e incestuosos que surgem nessa ocasião (cf. o de Édipo, o mais conhecido) servem aqui antes como signos da decrepitude e do amadurecimento das diferentes gerações e não tanto como expressão dos conflitos psicológicos intrafamiliares. Ainda mais adiante a personalização chega ao conto maravilhoso, onde já se trata do destino individual e onde se abre caminho para um longo antagonismo no plano da psicologia da realização do desejo, da realização do sonho, do medo e das fantasias compensatórias. No conto, opositores e co-adjuvantes são percebidos mais nitidamente que o próprio herói, opositores geralmente dele mesmo – o herói – e coadjuvantes em quem ele confia. Depois surgem os antagonistas, seus rivais particulares, mas deles falaremos em seguida. A celebração do herói é sua celebração pessoal, ligada a uma mudança do *status* social. Em função disso tudo, mesmo no conto maravilhoso, o que está em primeiro plano são as relações sociais e não as cósmicas.

Do que foi dito, entre outras coisas, fica evidente a significação de alguns modelos ritualísticos para a formação dos temas arquetípicos. Obviamente não se podem deduzir os temas a partir dos rituais, tal como fazem os representantes da tendência ritualista, que retiram dos rituais não apenas os temas, mas a própria cultura como um todo. Na verdade o ritual é o aspecto "formal" e o mito, o aspecto "conteudístico" do mesmo fenômeno. Sendo assim, a cada ritual correspondem um ou muitos mitos e, vice-versa, a um mito correspondem um ou muitos ritos; além disso, os rituais se entretecem e se entrecruzam entre si.

Uma influência particular para a formação de temas é inerente a rituais como os da iniciação, das festas periódicas da natureza que renasce, o ritual da morte dos chefes-xamãs da tribo ligado à troca de gerações, os rituais dos casamentos e outros rituais habituais. Entre eles, o mais importante é o da iniciação, ligado à representação da morte temporal e à renovação, às provações e às mudanças do *status* social, e que também se encontra incorporado em outros rituais.

Quanto à psicologia inconsciente coletiva, ela dificilmente tem um caráter hereditário mas, como já foi visto, apresenta um caráter social real.

Quando se fala das relações sociais deve-se ter em vista, antes de mais nada, a composição puramente humana da sociedade tribal em seu estágio primeiro, ou seja, o surgimento da exogamia dual, com a proibição dos casamentos no interior do mesmo clã e as ligações eróticas, cuja expressão limite seria o incesto. Viria em seguida a endogamia, com a proibição de casamentos por demais afastados. No mito, o incesto é característico fundamentalmente dos primeiros ancestrais que viveram até a regulamentação das relações matrimoniais. Ele era permitido na época das cerimônias orgiásticas ligadas à magia agrária (o incesto da deusa da colheita com o filho ou o irmão), mas também aparece como sinal (no código erótico) de maturidade do jovem herói, pronto para realizar a iniciação e ocupar o lugar do velho chefe (com cuja mulher ele pode ligar-se, mesmo sendo ela a própria mãe ou tia).

Nenhum outro "complexo de Édipo" ou algo semelhante existe no folclore (a não ser que consideremos os contos sobre incesto, nas lendas e histórias de vida, como um pecado terrível). Nos contos maravilhosos a perseguição incestuosa da filha pelo pai, ou seja, a destruição extrema da exogamia, é vista como profundamente negativa e é encontrada naquele mesmo tema das fábulas (*AT* 510) da perseguição da afilhada pela madrasta. Deve ser notado que o próprio aparecimento da madrasta é resultado da destruição da endogamia por parte do pai da heroína (a madrasta é uma noiva demasiado "afastada" do pai, por isso não entra na classe das "mães" da heroína, dentro do sistema classificatório de parentesco, vigente na sociedade primitiva).

O casamento com um cônjuge totêmico, no mito e no conto maravilhoso, é normal e exogâmico; já no folclore ele é, às vezes, diretamente o oposto do casamento incestuoso. Muitos detalhes nestes e em outros tipos de contos refletem hábitos matrimoniais aceitos nas sociedades arcaicas.

A idealização do mais jovem no mito, e principalmente no conto maravilhoso, é a compensação do socialmente deserdado no processo da passagem do clã para a família ou para uma grande comunidade patriarcal (a recusa do deficiente, equiparado ao irmão mais jovem, e a passagem para o grupo dos normais), da mesma forma que a idealização do órfão (de quem cuidou o clã e que a família rejeitou, em particular, a família do tio materno, que o deve tutelar). (Sobre isso tive ocasião de escrever detalhadamente em meu primeiro livro de 1958: *O Herói do Conto de Magia;* vide também *Introdução à Poética Histórica do Epos e do Romance,* 1986.)

É claro que esta idealização do deserdado e do deficiente teve, desde o começo, um sentido moral universal e jamais se restringiu àquelas molduras e cláusulas sociais nas quais ela nasceu. A idealização do deserdado, no próprio folclore, insere-se na mesma série dos motivos da invisibilidade exterior dos tesouros escondidos ou da santidade oculta (cf. a escolha do objeto discreto nos contos maravilhosos).

Como já foi dito, os deuses e os diferentes espíritos são os que basicamente modelam o mundo exterior, enquanto à sociedade humana correspondem as personagens a partir das quais é gradativamente formado o arquétipo do herói. O fato de o herói figurar em primeiro plano e ter papel especial no enredo – papel esse que determina o desempenho das outras personagens – e o aprofundamento dos traços específicos do herói dão-se paulatinamente, de modo que a personalização (enquanto emancipação do herói que se distingue do coletivo) pode ocorrer relativamente tarde e até aquele momento o herói permanece na órbita do subjetivismo coletivo.

A primeira personagem desse gênero é o primeiro ancestral que exerce a função de herói cultural ou demiurgo. O complexo arcaico "primeiro ancestral-herói cultural-demiurgo" encontra-se no folclore dos assim chamados povos primitivos do mundo inteiro. Por exemplo, nos mitos da Austrália Central os primeiros ancestrais (via de regra seres totêmicos que se unem zoo e antropomorficamente) vagam pela terra, estabelecendo com seus feitos a configuração dos lugares (geralmente o território que irá permitir a alimentação da tribo), gerando grupos de pessoas e de animais, introduzindo leis matrimoniais, fabricando instrumentos primitivos de trabalho, encontrando o fogo escondido no ventre de um animal etc. etc. A atividade dos ancestrais totêmicos remonta aos primórdios da criação (autoimagem do século dos heróis, do século do ouro etc.). Esses ancestrais totêmicos precedem também as imagens dos deuses celestes mais altos e daqueles que podemos chamar "heróis". Ancestrais totêmicos e não-totêmicos semelhantes existem na mitologia dos papuas e de muitas outras tribos que se encontram no limite de nosso ecúmenos.

Muito frequentemente fatos culturais (a obtenção do fogo, da luz, dos instrumentos de trabalho, a introdução de ritos religiosos etc.) demonstram serem casuais, produto lateral da atividade existencial do "herói cultural".

Suas funções de obtenção de objetos culturais (e ao mesmo tempo de objetos naturais, em virtude da não-diferenciação entre natureza e cultura na consciência primitiva) vão paulatinamente se destacando como funções conscientes e tencionais, que exigem conhecimento específico e ousadia e que devido a isso atingem o *status* de "feitos". Isso em parte relaciona-se com a preparação de objetos naturais e culturais por parte de um demiurgo tal como o ferreiro, o fazedor de vasos etc. Mais tarde os atos do demiurgo são atribuídos aos deuses que fazem parte do incipiente panteão, mas antes era formada a imagem independente do herói cultural – o benfeitor da humanidade. O topo dessa estrada é a imagem de Prometeu, que não apenas dá o fogo aos homens, mas sofre por eles a vingança de Zeus (sendo que, paralelamente, algumas funções culturais são transmitidas aos deuses Atena e Apolo, Héracles atua como deus-demiurgo etc.). Os precursores de Prometeu encontram-se em todo lugar, nos diferentes estágios.

A ligação com os antecessores totêmicos explica os nomes de animais e os atributos de muitos heróis culturais (Corvo, Marta, Coiote, Lebre – entre os Índios da América do Norte –, Camaleão, Aranha, Antílope – em muitos povos da África etc.). Em mitologias mais desenvolvidas da África, América e Oceania os traços do primeiro antepassado na imagem do herói cultural tornam-se resquiciais, mas o caráter antropomorfo predomina. Um exemplo claro é o polinésio Maúi, considerado como precursor ou primeiro homem dotado de uma mente desperta e de forças mágicas (maná).

Entre o grande número de feitos culturais de Maúi, os mais significativos são a pesca dos peixes-ilhas a um dia de distância por mar, a caça ao sol, a obtenção do fogo e das colheitas de taro junto à velha-progenitora. Em algumas das versões ele igualmente amaina os ventos, ergue a abóbada celeste, providencia a criação de cães, o cultivo da batata e de coqueiros. Finalmente, ele realiza uma tentativa infeliz de vencer a morte, episódio esse que sublinha a separação do herói cultural dos deuses imortais.

Como foi notado acima, o herói cultural encarna a sociedade humana (e frequentemente, na prática, ela se identifica com sua tribo), que, significativamente, opõe os deuses aos espíritos que simbolizam forças naturais. As personagens míticas do tipo dos heróis culturais representam a sociedade humana (étnica) perante os deuses e os espíritos, atuando como intermediários (mediadores) entre mundos míticos diferentes. Em muitos casos seu papel é comparado ao dos xamãs. Eles podem também atuar por iniciativa dos deuses ou com sua ajuda, mas, via de regra, eles são mais ativos que os deuses e nesta atividade consiste sua característica específica. Eles não são de maneira alguma a hipóstase ritualística dos deuses (cf. a opinião de Reglan) ou a encarnação direta dos reis-sacerdotes da tribo.

Embora no herói cultural já possa ser notada a força como traço marcado, nele a inteligência e a magia são pouco diferenciadas, sendo que um papel muito menor é desempenhado pela ousadia e particularmente pela força física, e o caráter heroico ainda não está propriamente formado.

Resquícios da imagem do herói-fundador do clã que consegue objetos culturais e naturais podem ser descobertos também em níveis mais elevados, por exemplo nas formas arcaicas de *epos* heroico (Väinämöinen no *epos* finlandês, Soskuro no *epos* norte--caucásico, Er-Sogotokh no acusto, "o herói solitário" em outros *epos* turco-mongólicos de povoados da Sibéria etc.) e, em menor medida, no conto maravilhoso, onde já ocorre a transformação de objetos "culturais" em "milagrosos". Na mitologia chinesa, os heróis culturais são representados como os reais governantes da Antiguidade.

Ao lado do herói-provedor cultural, que encontra em algum lugar os objetos naturais ou culturais necessários a seu povo e os leva até ele, foi-se cristalizando, aos poucos, um tipo de herói mais "alto" e, pode-se dizer, mais "heroico", que explicitamente representava as forças do cosmos e o defendia dos monstros demoníacos que personificavam o caos.

Dentro das molduras da imagem do herói cultural formou--se apenas um elemento do complexo arquetípico do "herói". Trata-se da correlação entre a sociedade humana e a preocupação em construir um mundo para o homem. O herói cultural de formação mais elevada acrescenta a isso a defesa contra as forças ctônicas e demoníacas que representam o caos, a luta contra elas e sua eliminação por perturbarem a vida pacífica da humanidade.

Na periferia do território em que estão difundidos os mitos de Maúi existem lendas sobre sua vitória contra os monstros, entretanto esses motivos não são, em sua totalidade, exclusivos dele. O Corvo paleoasiático – herói típico de formação arcaica – também luta contra os maus espíritos, mas, mais frequentemente, essa luta é iniciada por seu filho mais velho Ememkut. No ciclo folclórico dos Jukaguir e das povoações de Samoa sobre Daiku-Debeguee, este herói cultural típico também vence os "velhos mágicos" demoníacos e seus gigantes.

O herói cultural da região do rio Ob, Ekva-Pigris, entre outras coisas, vence os maus espíritos da floresta, na verdade, utilizando sua esperteza e sua capacidade de compreensão.

Se no folclore da parte setentrional da América do Norte dominam os heróis culturais de formação arcaica, os "provedores" com nomes totêmicos (Corvo, Marta, Coiote, Lebre etc.), junto aos índios das Pradarias, na América Central e Meridional, os heróis culturais são antropomorfos e estão ocupados principalmente em lutar contra monstros variados que têm o aspecto de veado gigantesco, urso, serpente, lontra, alce, águia, rolando montanha abaixo ou perpetrando qualquer outra ação condizente.

Muito frequentemente aqui os heróis culturais atuam juntamente com seu irmão gêmeo (por exemplo, o menino de vigvam, "atirado aos arbustos"). Na África, o herói (a maioria das vezes o filho do sol, como, aliás, também entre os índios) é vitorioso na luta contra os monstros, comumente guardiães dos reservatórios e donos da água (jacarés, peixes grandes, serpentes coloridas).

Em mitologias desenvolvidas, a luta contra os monstros pode ser realizada às vezes por alguns deuses (Marduk, da Babilônia, contra Tiamat; Indra, da Índia contra Vritri, Zeus contra Crono, Thor contra os gigantes e a serpente do mundo etc.), mas esses casos ocorrem, na maioria das vezes, dentro de um mito cosmogônico ou sazonal. Uma exceção é constituída, por exemplo, pela mitologia escandinava, onde na imagem de Thor, os traços de divindade épica são equilibrados por suas funções divinas (cf. Odin, que possui os traços do herói-provedor cultural, roubando o mel da poesia ou recebendo as runas sagradas).

O herói do mito e do *epos* súmero-acádico é Guilgamesh. Ele reúne em si, ao mesmo tempo, os valiosos traços da ancestralidade (pela etimologia do nome), de herói cultural provedor e de criador (e constrói a cidade de Uruk) e, mais notadamente, de lutador contra os monstros (a ave Zu, o monstro Huvava-Humbaba). Sendo assim ele é, de qualquer maneira, assimilado aos deuses e sua tentativa de conseguir a erva da imortalidade (embora ele seja por dois terços divino e um terço humano) fracassa. O fato de ele recusar o amor da deusa Ichtar já o torna rival dos deuses e sua "fúria" já prenuncia outro traço extremamente importante do arquétipo heroico: seu caráter obstinado.

Na mitologia grega o herói é tratado como filho ou descendente de um deus, mas não como um deus: uma série de motivos mitológicos expressa (como também as lendas sobre Guilgamesh) a impossibilidade de os heróis alcançarem a imortalidade. Disso é prova, entre outros, a têmpera infeliz de Aquiles, filho de Tétis. O herói, tal como as pessoas comuns, não pode se tornar imortal (cf. a tentativa fracassada de Asclépio de ressuscitar pessoas, o episódio com as maçãs rejuvenescedoras das Hespérides, defendidas por Héracles e recolocadas no lugar por Atena: veja-se, a esse respeito, também o insucesso de Orfeu em fazer retomar do além Eurídice etc. As tentativas dos heróis de concorrer com os deuses são assim cruelmente punidas (mitos de Pan, Faetonte, Aracne), como desrespeito para com eles.

No limite entre mito e *epos*, em suas formas arcaicas, a luta contra os monstros permanece como o feito mais importante dos heróis (cf. a luta do indiano Rama – avatar do deus Vichna – com os demônios, do tibetano-mongólico Heser com os demônios dos quatro cantos do mundo, dos heróis egípcios nas épicas dos povos turco-mongólicos da Sibéria contra inúmeros monstros e inimigos, dos heróis caucásicos e iranianos contra seres com forma de dragão, dos *bogatyr's*[7] russos contra o Rouxinol-guerreiro, a cobra Tugarin, a serpente Gorínitch e a luta entre Beowulf e Graendel, no *epos* anglo-saxão).

Os motivos da luta contra o dragão e as lutas contra os monstros canibais e os bruxos ocupam um lugar importante no conto de magia.

Nas formas clássicas do *epos*, os monstros ocupam o lugar dos forasteiros e dos crentes de outra religião, sendo que estes últimos às vezes conservam atributos mitológicos. Nos mitos arcaicos, a representação da humanidade como "pessoas verdadeiras" podia estar circunscrita à tribo originária, mas mesmo assim não deixava de ser representação da espécie humana: as lendas sobre lutas intertribais e (no outro polo) os relatos de contatos com espíritos haviam permanecido, nos primeiros tempos, na periferia do mito e do folclore. Aos poucos, as relações intertribais vão ficando em primeiro plano e já não implicam a oposição "pessoas verdadeiras" e "não-pessoas". Exemplo nítido de luta intertribal pode ser considerado o *epos* irlandês (o herói Cú Chulainn con-

---

7. Do original богатырь (*bogatyr'*): "herói épico".

tra Connaught) e a lenda bíblica de Sansão contra os filisteus. Contudo, nas épicas clássicas (por exemplo, na indiana, grega e alemã) a luta intertribal tende a adquirir uma dimensão quase cósmica.

* * *

Nas épicas, onde os dois lados em disputa eram precursores dos portadores do *epos*, como nas obras épicas gregas, indianas e germânicas já referidas, o herói era envolvido por uma auréola de Antiguidade, de pertença a um "século de heróis", já idealizado e findo, que, por sua vez, era representado também nos primeiros tempos "historicizados" da mitologia arcaica. Mas em outras produções épicas clássicas, nos arquétipos do herói entram os motivos patrióticos da defesa de uma crença (por exemplo, da fé cristã contra a muçulmana no *epos* francês, espanhol, novo-grego, armênio, eslavo meridional) e da pátria, de formas primitivas de governo. Nessas condições o amor para com o torrão natal do herói opõe-se à traição do anti-herói (por exemplo, Roland, fiel à "doce França", e o traidor Hanelon; o rei sérvio Lázaro e o delator Vuk Brankóvitch).

Assim, os feitos básicos dos heróis resultam na obtenção (frequentemente a partir do mundo ctônico ou celestial) de objetos culturais ou naturais, isto é, na construção do mundo humano, como defesa do cosmos constituído contra as forças do caos e como defesa da tribo-Estado, contra outras crenças e outras tribos. No que se refere à trans- ou superpersonalidade do herói, ele atua como encarnação da autodefesa coletiva. Entretanto, feitos semelhantes são com frequência entendidos como fazendo parte do plano da biografia do herói, isto é, como sua "consagração" ou iniciação, no decorrer da qual o herói adquire forças sobrenaturais, ou manifesta sua essência heroica. À primeira provação seguem, um após outro, feitos fundamentais. Como proto-imagem ritual desta primeira provação estão os ritos de iniciação universalmente difundidos, isto é, a iniciação – por ocasião da obtenção da maturidade sexual – em membros válidos da tribo (caçadores-guerreiros), a consagração dos feiticeiros-xamãs, o início da atuação dos novos defensores da tribo.

Muitos autores repararam no reflexo da prática da iniciação no mito heroico (Campbell , Baudouin, Frye etc.) e no conto de magia (Saintyves e Propp). V. I. Propp chegou a interpretar o conto de magia como mito explicativo do rito iniciático.

Os motivos da iniciação figuram no folclore desde os tempos mais antigos, entretanto, sua inclusão obrigatória na biografia do herói reflete a introdução de motivos biográficos relacionados com a complementaridade entre o tema mitológico da criação do mundo, e aquele da formação da personalidade do herói. A iniciação implica isolamento temporário da comunidade, contatos com outros mundos e seus habitantes demônicos, provações dolorosas e mesmo a morte temporária e a subsequente ressurreição, sob novo *status*. Como símbolos narrativos típicos da iniciação podemos considerar a deglutição por um monstro e a libertação de seu ventre (o exemplo mais conhecido é o de Jonas saindo do ventre da baleia), grupos de crianças que são presas de canibais e sua libertação (particularmente nos contos do tipo AT 327), o enfrentamento e a luta com demônios, a decifração de enigmas (por exemplo, no mito de Édipo).

Os "provedores", no ritual real, eram membros adultos da tribo, parentes e afins. No mito, o pai mítico (por exemplo, o deus Sol) era o tio materno, ou seja, o parente mais próximo em linha materna, e também o futuro sogro (por exemplo, o chefe da tribo); nos contos maravilhosos é o rei – pai da noiva, a madrasta, algumas personagens demônicas.

O arquétipo da passagem do herói por provações propiciatórias produz determinados ecos também na literatura da idade moderna. Basta lembrar o conto do romântico Hawthorne *O Jovem Brown*, onde a iniciação é interpretada como a consciência do mal, algo como o pecado original. Ela ocorre no bosque, em contato com forças demônicas, como no arquétipo. A partir da Idade Média as provações da iniciação são vistas como uma das fontes do assim chamado "romance de formação"; a própria "iniciação", nesses romances, era um equivalente *sui generis* e uma herdeira da iniciação arcaica.

No mito heroico e no conto maravilhoso as provações surgem frequentemente como "tarefas difíceis" impostas pelos "provadores" ao "herói", sendo que elas, mais de uma vez, disfarçam a tentativa de matar o herói. Por exemplo, entre os indígenas da costa norte do Pacífico, na América (*bella-kulla* etc.), existe o mito heroico do genro do sol. Como resultado da destruição do tabu, ele morre, ressuscita como salmão (motivo totêmico), é comido e ressurge novamente (essa morte/ressurreição é o símbolo direto da iniciação); com a ajuda do vento gélido o herói livra-se do calor do sol e do fogo da fogueira. O deus do sol atribui-lhe uma tarefa difícil: caçar as cabras montanhesas que são o disfarce das filhas do próprio deus. Apesar de estar casado com a filha caçula do Sol, ele continua a sofrer por causa do sogro que tenta afogá-lo, sufocá-lo etc. Depois de fazer as pazes com o sogro, o herói e sua mulher descem para a terra.

Num grande número de mitos dos esquimós, dos iroquis e de outros grupos indígenas aparece a figura do tio ciumento, ou seja, o irmão da mãe, que mata os sobrinhos. Um deles, salvo pela mãe, é descoberto e o tio, no começo, tenta empurrá-lo barranco abaixo e depois o atira ao mar, dentro de uma caixa. No final das vicissitudes o herói, que passou por todas as provações, casa-se com a filha do chefe das águias.

Num mito tlingit extremamente interessante, o herói, o jovem Corvo, é submetido à perseguição do velho Corvo, seu tio materno. O velho Corvo mata seus sobrinhos: salva-se tão somente o herói, nascido da mãe que engoliu uma pedra (cf. Zeus). Ao atingir a maturidade o herói pratica o incesto com a esposa do tio; o tio tenta afastá-lo dando-lhe tarefas difíceis e afogando-o numa enchente, mas o jovem Corvo salva-se e dá início ao ciclo dos feitos culturais.

No folclore navajo, os heróis-gêmeos são submetidos a provas severas pelo deus sol, seu próprio pai. A caminho do céu eles devem dominar as rochas que se chocam, os juncos e as samambaias que cortam, as faixas de areia ardente, os espinhos afiados, obrigam-nos a fumar tabaco envenenado, cozinham-nos em caldeirões. Após superar essas provas o deus sol fornece-lhes as flechas mágicas com as quais os heróis derrotarão o monstro.

Num mito sul-americano (dos bororos) o herói realiza o incesto com a mãe e é por isso cruelmente perseguido pelo pai, que o obriga a cumprir tarefas quase irrealizáveis. Depois disso o herói torna-se benfeitor da aldeia e executa uma série de feitos culturais.

O folclore polinésio conhece igualmente os motivos da iniciação. Eles ocorrem, em certa medida, também no mito grego (por exemplo, nos enigmas acima lembrados, propostos a Édipo pela Esfinge ou nas tarefas difíceis que Euristeu dá a Héracles, Minos a Teseu e Iobates a Belerofonte).

Na épica arcaica do Cáucaso Setentrional, a têmpera dos trenós dos jovens heróis é feita pelos ferreiros diretamente na forja, tal como ocorre entre os iakustos olonkho (cf. a têmpera de Aquiles). Caráter de iniciação ritualística possui também a dança *nikhas* dos jovens nartos ou as provações a que são submetidos os jovens heróis irlandeses pelo mago Cura, ou mesmo o aprendizado da arte militar de Cú Chulainn entre os cétchathachs.

No conto de magia os motivos da iniciação encontram-se também nas provações preparatórias e básicas do herói. Na provação preparatória o herói deve atender a um pedido ou simplesmente comportar-se de modo gentil e carinhoso com os seres mágicos que encontra, em sua maioria velhinhos e velhinhas. Na provação básica, o herói (às vezes um grupo de crianças – traço este característico da iniciação) cai em poder de uma força demônica (bruxa ou ogro, espírito da floresta ou dragão e depois, graças à astúcia, à magia e à ajuda de coadjuvantes mágicos, acaba salvando-se).

As provas de iniciação dos contos maravilhosos encontram-se muitas vezes entretecidas ou identificadas com as do casamento. Quando isso ocorre acham-se refletidos no enredo alguns hábitos matrimoniais. O herói é submetido a andanças probatórias pelo czar, que, ao conceder-lhe a filha em casamento, incumbe o noivo de tarefas difíceis, ou por parentes e afins maldosos, como a irmã-comedora-de-gente ou a madrasta malvada, que perseguem os irmãos ou os filhos postiços. A irmã-ogra pode ter-se tornado tal devido a um encantamento, enquanto a madrasta corresponde à bruxa no âmbito doméstico, sendo representante de uma entidade (gênero) vinda de fora. No que se refere ao pai ou ao tio, e mais ainda, ao futuro sogro, suas tentativas de atormentar o herói estão ligadas não apenas ao papel ritual de algoz (iniciador), de patrono da iniciação, mas também à troca de poder em função da troca de gerações. Aqui o modelo ritualístico já não é o da iniciação, mas o da aniquilação ritualística do rei-xamã. Como foi lembrado, o motivo do incesto que surge nesse processo é o signo da caducidade do velho chefe e do patente amadurecimento hipertrófico do jovem. É justamente este o sentido que tem o motivo do incesto nos mitos navajo, tlingit e bororo e no conhecido mito grego de Édipo, o qual se torna rei depois de matar o pai e de se casar com a mãe. Aqui inclui-se também o vaticínio feito pelo rei, de que um jovem herdeiro ou outro herói recém-nascido tomaria seu lugar, após ter ele tentado inutilmente eliminá-lo.

Os motivos do feito heroico refletem, em parte, os ritos de iniciação e servem, por outro lado, como expressão genérica, como signo da própria heroicidade. É assim que devem ser compreendidos os contos do menino Héracles que estrangula a serpente, do menino Cú Chulainn que mata o terrível cão do ferreiro Cullan, da luta do recém-nascido Heser com os demônios, da matança, por parte de Sigurd, do dragão Farnir, dos feitos dos jovens heróis nartos ou escandinavos que (com a idade de um só dia) vingavam os familiares.

A vingança do pai é, de uma maneira geral, o episódio típico da ação heroica também do *epos* dos nartos, dos polinésios, dos africanos, dos turco-mongóis e de muitos outros. Na mitologia heroica o motivo da vingança do pai coloca-se no polo oposto aos motivos das provações consagratórias exigidas pelo pai divino do futuro herói. Nos contos maravilhosos os motivos da infância do herói quase não são encontrados, deparamo-nos com eles apenas no mito e no *epos* heroico, enquanto que os mais especificamente de fantasia iniciatória, conhecidos do mito e do canto, são pouco frequentes no *epos*. Daí encontrarem-se neste último (turco--mongólico, tibetano, indiano, irlandês, germano-escandinavo etc.) os motivos do noivado, associados à juventude do herói. O noivado do herói, no *epos*, é paralelo às provações esponsais e ao casamento com a filha do rei, no conto. Estes motivos esponsais no mito heroico comum são mais fracos (especialmente no mito, o casamento apresenta-se antes como meio do que como fim).

Os motivos da descendência divina, do nascimento mágico, do crescimento surpreendentemente rápido e da maturação do menino-herói têm, em muitos aspectos, a mesma função que as provações propiciatórias, uma vez que elas explicam a força milagrosa do herói. Em certo sentido estes motivos são autossuficientes e não exigem complementações em termos de continuação da iniciação. Para o herói pagão cuja dimensão é bem menor que a do herói mítico e épico, ao contrário, a iniciação é necessária enquanto motiva o recebimento do coadjuvante milagroso, que age pelo herói. No conto, os ecos do acontecimento mágico transformam-se no motivo do nascimento junto com os animais (que depois se tornam ajudantes do herói) e, às vezes, do nascimento a partir do próprio animal, o que é uma reminiscência do totemismo.

Na épica arcaica, na maioria das vezes, o herói tem uma origem ou um nascimento milagroso. Faran, o herói dos sorko-songos (África), tem uma mãe-alma, outro herói africano (da tribo mongo), Lianja, nasce, de maneira milagrosa, das pernas da mãe juntamente com uma arma e com instrumentos mágicos. Os deuses iacustos ora nascem de modo milagroso (como o deus Atalami, do capim, que a mãe-cavalo comera), ora descem do céu, como os deuses Ai. Em algumas variantes os heróis carélio-finlandeses Väinämöinen, Ilmarinen e Ëukakanien nascem de uma donzela virgem que comeu três bagas. Nas lendas nartas Sosruko nasce de uma pedra fecundada e Batradz irrompe da espinha do *bogatyr'* Khamitsa. O georgiano Amirani é o filho da deusa Dália e o Abkhasco Abrskil é filho de uma virgem. Guilgamesh é o filho da deusa Ninsun e tem duas partes de deus e uma parte humana.

Cú Chulainn é filho do deus Lug ou fruto do amor incestuoso entre Conchobor e suas irmãs, Sigurd e Helga, netas do deus Odin.

Nos mitos da antiga Grécia os heróis são, por definição, descendentes dos deuses e nos mitos e nos *epos* indianos, seus avatares.

No mito egípcio, Hórus, o vencedor de Seth, nasce milagrosamente de Osíris morto e de sua irmã Ísis.

É muito difundido o motivo do herói que nasce de um casal sem filhos ou de uma mulher que permaneceu estéril durante muito tempo, devido a um encantamento sobrenatural. Este motivo é "complementar" do da concepção imaculada, bastante frequente na Bíblia (o nascimento de Isaac, de José, de Sansão e de Samuel), mas é encontrado também em muitos *epos* (por exemplo, no dos turco-mongóis, o nascimento de Manas, depois da mulher estéril ter comido a messe mágica e o coração do tigre).

No mito heroico, o caráter do herói é apenas esboçado, enquanto na épica ele é completamente acabado, sendo que por isso nele se forma este importantíssimo elemento que é a imagem arquetípica do herói. Nas primeiras formas do *epos* ainda encontramos no papel de herói principal, por exemplo, um velho sábio xamã do gênero do finlandês Väinämöinen, o qual desbanca com facilidade o jovem e corajoso guerreiro Ëukakainen; ou o narto Sosruko que, geralmente por meio de feitiçaria, não apenas domina a fortaleza inimiga, mas inflige uma lição sombria ao jovem e ousado Totrazd. Contudo, nos contos de bogatyr's dos povos da Ásia Setentrional já se esboça a imagem do guerreiro-bogatyr' que procura onde utilizar suas forças transbordantes, e está em busca de um "antagonista" digno. O verdadeiro bogatyr' é o guerreiro corajoso e mesmo temerário, que, sem utilizar nenhum meio mágico, está pronto a enfrentar qualquer perigo e é inclinado a superestimar suas forças.

Se o *Kalevala* estava do lado do velho sábio Väinämöinen e representava de modo zombeteiro e impetuoso Ëukakainen, a "canção de Roland" – uma amostra do estádio clássico do desenvolvimento do *epos* – contrapõe nitidamente o "sábio" Olivier ao "corajoso" Roland, que irrefletidamente (com atraso) sopra o chifre e declara guerra aos sarracenos, guerra esta que o levará à "derrota com honra".

Na épica oriental antiga de Guilgamesh, conforme já foi dito, este último destaca-se por seu coração "furioso". É a fúria que marca igualmente os heróis do *epos* armênio. A "ira" do obstinado Aquiles é o principal motivo da *Ilíada*: ira essa, conforme é sabido, que levará Aquiles ao confronto com o sumo sacerdote Agamenon e ao período infeliz de suas lutas contra os troianos. Também são tomados pela fúria o bíblico Sansão e o narto (caucásico) Batradz, que luta com os deuses, e os heróis aparentados com Prometeu – os transcausianos Amirani, Abrskil, Artavazd –, castigados por deus ou por seu orgulho incomensurável. Teimoso é também Iliá Muromiets, que ao brigar com o príncipe Vladímir, num ímpeto de ira, arranca a cúpula da igreja. Furiosos são igualmente os heróis do *epos* germano-escandinavo: Gunnar, Kandir, que enfrentam conscientemente a morte certa para que ninguém duvide de sua firmeza.

As páginas do *epos* francês estão cheias de relatos de barões turrões que perpetram feitos heroicos. No *epos* da Índia, é verdade, ao lado de Bkhima, Karna e outros guerreiros duros e furiosos está, como herói principal, o comedido e pacífico Iudkhishtkhira, mas isso é uma exceção – fruto da influência direta de alguns ideais religiosos indianos específicos.

Conforme foi visto, o caráter obstinado e furioso, que é parte integrante da imagem arquetípica do herói, leva-o muitas vezes ao conflito com os deuses (na épica arcaica) ou com os poderes superiores (na épica clássica). Em sua maior parte os conflitos do bogatyr' × poder superior encaminham-se para uma solução pacífica, graças àquilo que no nível social pode-se chamar de atraso patriarcal e coesão tribal (ao vingar o irmão Pátroclo, Aquiles fica novamente atado aos feitos guerreiros dos aqueus), e num nível mais profundo, graças à superpersonalidade incógnita do herói, que encarna aquela mesma sociedade que os deuses protegem e os reis governam. É unicamente esta a contradição na imagem do herói: sua obstinação sobre o fundo de uma harmonia épica – o traço fundamental desse arquétipo estudado.

É claro que, até certo ponto, o caráter obstinado do herói, que modela a consequente emancipação da personalidade, expressa naturalmente um aspecto dela, mas mesmo assim a trans- e a superpersonalidade dominam, e os feitos "coletivos" do herói são tão imediatos que não há vestígio de "obrigação" ou de "reflexão".

Para explicar este fenômeno, Hegel referiu-se à unidade substancial que existe entre personalidade e sociedade no mundo épico.

Um tipo completamente diferente de herói se configura no conto de magia[8] que, à diferença do *epos*, a partir do cósmico conduz não ao tribal ou ao estatal, mas, sim, ao familiar e ao social. Neste sentido, tendo em vista toda a neutralidade do caráter das personagens narrativas, o processo de personalização procede, por paradoxal que pareça, malgrado a grande passividade do herói da história. No conto ele é dado frequentemente em correlação com seus antagonistas e êmulos, que se esforçam para atribuir a si próprios os feitos dele a fim de obter a recompensa. A explicação final de quem é o verdadeiro herói é a mais importante para o conto. Este abre caminho para a livre competição, para a psicologia da realização do desejo (obtenção de objetos mágicos que permitam a realização do desejo e casamento com a princesa, antes de mais nada).

Se no *epos* a procedência divina do herói e a obtenção de uma força mágica cederam lugar à energia do bogatyr', à força física e à ousadia, no conto de magia a força e a sorte se transformaram nos coadjuvantes mágicos que, de fato, agem no lugar do herói. A consciência fabulosa[9] não marca mais esta separação entre força e sujeito, tanto mais que o herói tanto recebe a ajuda dos familiares quanto a ela faz jus.

O conto de magia conhece dois tipos de herói: o relativamente ativo, que lembra remotamente o épico, e o propriamente fabuloso, que é passivo. Esta passividade (às vezes proposital,

---

8. Mantivemos aqui a diferenciação terminológica e conceitual, apontada por Boris Schnaiderman, entre "conto de magia" e "conto maravilhoso", respectivamente, em russo, волцебная сказка (*volchébnaia skaská*) e сказка (*skaská*). O conto maravilhoso pode não ser de magia.

9. Tradução do adjetivo сказочный (*skázotchni*) referente a сказка (*skaská*).

funcional, e às vezes natural) reflete obliquamente a atividade das forças mágicas. Nos termos do conto maravilhoso, essas duas variantes podem ser designadas como "Ivan Tsariévitch" (Filho do rei) e "Ivánuchka Duratchók" (Joãozinho Bobo) (cf. o "cozinheiro" norueguês Askeladden, na variante feminina de Zóluchka [Cinderela]).

De uma forma sorrateira, o herói "baixo", o herói "do qual não se espera nada", desapercebidamente e aos poucos vai revelando sua essência heroica e triunfa sobre seus inimigos e rivais. A situação inicial desvantajosa do herói pode receber um matiz social, frequentemente no âmbito da família: o órfão, o caçula, a filha mais jovem, a afilhada (enxotada pela madrasta ruim) etc. O rebaixamento social é dominado pela elevação do *status* social após as provações, que precedem a conclusão da união matrimonial com a princesa (príncipe) e a obtenção da metade do "reino". A conhecida reserva exterior e mesmo a timidez do herói fabuloso não são diretamente opostas à provocante conduta do herói épico, sendo que esta reserva adquire uma significação arquetípica. O motivo do herói "do qual nada se espera" é por vezes explorado no mito heroico, a começar pelo "enjeitado" Maúi ou pelo menino-herói do indígena americano, atirado do *vigvam* para a moita e terminando como o pastor bíblico Davi que, inesperadamente, acerta Golias. Entretanto, dentro da tradição épica, semelhantes momentos referem-se estritamente à infância do herói sendo raros depois, à medida que o *epos* se desenrola.

No conto mágico de costumes o lugar das forças mágicas é ocupado pela própria inteligência do herói e por sua boa estrela, e nele pode-se notar a oscilação entre o astuto maquinador e o simplório afortunado.

A narrativa heroica, que ilustra a etapa pós-clássica do desenvolvimento da epopeia heroica (*e.g.* as sagas da Islândia, as *gunki*[10] japonesas, entre as quais cabe lembrar, em particular, *Genji Monogatari* que narra a luta dos samurais da casa de Minamoto e Tairi, as novelas heroicas chinesas quase históricas do tipo de *Três Reinos* de Lo Guan' chjun ou *Fábricas de Palavras* de Chi Naian), em muitos aspectos repete os estereótipos épicos, modificando apenas o tratamento dos personagens heroicos.

Uma vez que as sagas islandesas e as novelas guerreiras do Extremo Oriente não estão tão afastadas assim, em ambas são julgados (condenados) heróis famosos, sedentos por estarem no campo de batalha, fáceis de briga, inclinados a se acenderem de ódio e perpetrarem atrocidades. Os afetos heroicos são tratados como particularidades contraditórias, embora a coragem, a determinação para o cumprimento de um dever patriótico e dos hábitos dos antepassados, sejam idealizadas *a priori*. As sagas islandesas esboçam diversamente as figuras de Biarn-briguento, Merd, Brunolv Svarliv e outros personagens semelhantes, prontos a entrarem numa briga por um motivo qualquer, e ansiosos por vingar-se do inimigo o quanto antes. Daí o digno bogatyr' Grettir ter dito que apenas o escravo se vinga logo. As instigadoras frequentemente são as mulheres (isso ocorre também no *epos* clássico alemão, mas sem o matiz de condenação). Os heróis principais, em muitos casos (Gunnar, Nial, Haskold da "Saga de Nial", Olav da "Saga dos Povos de Laskali", Torstein, da "Saga de Torstein Biton"), são exaltados por sua moderação e por seu caráter pacífico.

As narrativas do Extremo Oriente também cantam as qualidades épicas mais importantes: a ousadia, a sede de glória militar, a fidelidade sexual, a honra de samurai, mas o sangue frio

---

10. Narrativas sobre batalhas, romanceadas e posteriores aos *kyudei monogatari*, romances palacianos a cujo gênero, segundo a professora do Curso de Japonês da USP, Geny Wakisaka, pertenceria *Genji Monogatari*, escrito por volta do ano 1000 pela dama-de-corte e escritora Murasaki Shikibu.

é apreciado mais do que a fúria combativa ou a ira e o ódio pelo inimigo. Na narrativa da luta entre as casas de Minamoto e Tairi pelo poder no Japão, os chefes dos clãs de Kiëmora e Ëritomo são os apresentados mais negativamente. O caráter turvo e furioso de Kiëmora é responsável por uma série de injustiças e agrava o carma de seus filhos e netos. Diante da morte ele não implora, mas pede que lhe entreguem a cabeça de Ëritomo e termina por adquirir as feições de um facínora demoníaco.

Na descrição é condenada tanto a sede irracional de querer mostrar sua força no combate quanto a crueldade para com os vencidos. De uma maneira geral a simpatia da autora vai antes para as metas atingidas pacientemente e sem exaltação, e no decorrer da narrativa essas simpatias deslocam-se para os que sofrem. O príncipe mais positivamente descrito é Siguemori, filho mais velho de Kiëmora, sábio, prudente, pacífico e fiel à doutrina de Confúcio.

Algo análogo encontra-se também nas epopeias históricas chinesas, por exemplo em *Três Reinos*. O desesperado e ríspido Tjan Fey que fora glorificado num livro folclórico anterior, aqui fica num plano secundário em relação ao *condottiere* idealista Lu Beiem. Enquanto aquele depende do sábio conselheiro Tchugue Lian, este último torna-se também o herói favorito do autor.

Após ter apresentado esses heróis arquetípicos acima apontados, vale a pena regressar à Antiguidade e lembrar os heróis míticos, bastante próximos dos deuses e pertencentes à categoria dos que "morrem e ressuscitam" (ou que desaparecem e reaparecem), cujas narrativas estão estritamente ligadas aos cultos da fertilidade e ao ressurgir primaveril da natureza e que, em grande medida, estão submetidos a esses cultos.

Tal como ocorre com outros heróis, eles são geralmente de ascendência divina e nascem de forma milagrosa: Adônis é fruto da ligação incestuosa da princesa e de seu pai, Átis é filho de Agdístis, segundo uma versão a mãe, segundo outra o pai, ao que parece, um ser hermafrodita. Dioniso é filho de Zeus e Sêmele. Ele se origina de uma coxa de Zeus. Esses heróis podem aparecer às vezes como heróis culturais (Osíris, como criador e mestre do cultivo da terra e regulador do transbordamento do Nilo; alguns outros, como iniciadores de ritos semelhantes) e como guerreiros heroicos e dêmones ctônicos, "donos" da morte e do inferno. Balu enfrenta Mutu e outros monstros. Osíris enfrenta Seth, mas essa luta leva à desfeita transitória e à morte, muitas vezes com a perda de um olho ou de outro órgão. Além disso, esse tipo de deus-herói está estritamente ligado à pessoa da deusa da colheita, à assim chamada Grande Mãe, sua protetora, amante, e às vezes até sua destruidora (de acordo com a ambivalência dessa imagem). Inanna entrega Dumuzi-Tammus ao reino da morte, para que com isso pague seu resgate. Cibele (Agdístis) envia a loucura para Átis, por ele ter-se entretido com uma ninfa. Ártemis provoca a morte de Adônis a golpes de garras de javali pelo fato de Adônis ter preferido Afrodite, protetora e amante dele. Hera envia a loucura para Dioniso, protegido de Cibele. Anat, irmã e esposa de Balu, e Ísis, irmã e mulher de Osíris, ao contrário, fazem com que ele ressuscite e vingam sua morte ctônica.

Momentos eróticos e orgiásticos (e incestuais, inclusive) dos mitos citados estão presentes organicamente nas imagens da Grande Mãe e de seu companheiro e configuram a colheita, a fecundidade, e o renascer anual da natureza na primavera.

O papel ritual do deus que morre e ressuscita impera decididamente sobre os traços particularmente arquetípicos do herói. Nele dominam as características de vítima quase passiva, de herói sofredor, cuja ressurreição garante a revivescência dos cultivos e a abundância da alimentação, e sustenta a ordem do universo. É aqui, conforme se sabe, que começa o caminho que leva ao messianismo cristão (com a troca dos ciclos naturais pela história da humanidade).

Os traços velados do herói que morre e ressuscita existem também na imagem do bíblico José (fato que é sublinhado no romance de T. Mann) e igualmente no episódio do sacrifício não realizado de Isaac. José é atirado num poço e depois vendido no Egito, permanece um tempo na prisão e tudo isso simboliza a descida ao mundo e a libertação consequente (ressurreição). José não é o símbolo do semear, como Osíris, mas é o "fornecedor" de grãos nos anos de fome, o benfeitor do povo.

Não devem ser esquecidas também aquelas figuras arquetípicas (a maior parte das quais têm protótipos históricos e ligam-se às lendas e às Sagradas Escrituras) que estão na base das religiões, das profecias e que são, afinal, sagradas. Dos motivos arquetípicos do mito heroico veem-se aqui também resquícios das ações do herói cultural, da origem e do nascimento milagroso e da infância heroica. A. Zarathustra, enquanto herói cultural, é o fundador da estrutura social da comunidade. Krishna é o avatar do deus Vishna. Na infância, Vishna permite-se toda série de desmandos, jogos amorosos com as pastoras, mas também salva as pessoas do incêndio da floresta e mata os demônios. E depois, como consequência, aniquila Kansa e participa, como cocheiro, na guerra ao lado dos pandanos. Shakiamuni, que é o último Buda, renasce sob o aspecto de bodisatha e, antes de seu nascimento, a rainha mãe vê em sonho um elefante branco. Lao Tsy[11] nasce, sem pai, da energia solar, provinda de uma pérola engolida pela mãe: ele só sairá de suas entranhas após 81 anos, por uma abertura das costelas. O bíblico Abraão é o iniciador da estirpe (e com isso, possivelmente, está ligada a imagem da irmã e esposa Sara) e, em particular, é o herói cultural: ele introduz alguns costumes religiosos e nas lendas mais tardias é apresentado como inventor do alfabeto e como mestre da

---

11. No original chinês significa "menino velho". O nome do criador do taoísmo (século VI a.C.) é lido costumeiramente em português como Lao-Tsé.

astronomia. Moisés, como Abraão, nas últimas lendas, é justamente o inventor do alfabeto, da filosofia e da sabedoria do estado: ele vence os amalecitas, conforme é sabido, com a ajuda da oração. Cristo nasce de modo milagroso, de uma virgem imaculada.

Um motivo muito importante – a salvação de um menino da "matança" de um rei, na maioria das vezes após uma profecia que o ameaça – é o signo do mito heroico, mas é, ainda mais, a característica da biografia dos profetas e dos messias. O mau rei Kansu mata os filhos de sua prima, uma vez que foi profetizado que o filho adotivo dela o mataria; entretanto Krishna consegue salvar-se (cf. a história do Corvo tlingit, Zeus etc.). Abraão é vítima das perseguições de Nimvrod, horrorizado com as profecias. Quando o faraó afoga todas as crianças judias, a mãe de Moisés esconde-o e depois o coloca numa cesta, na qual o encontra e o salva a filha do faraó. Conforme se sabe, Jesus Cristo também é salvo, na época da matança dos meninos por Herodes, assustado com a notícia do nascimento do Rei dos Judeus.

A "consagração", bem conhecida do mito e do *epos*, possui um outro caráter nessas lendas, diferente do da iniciação no mito e no conto maravilhoso. Abraão, ao recusar-se a venerar os ídolos, é atirado numa fornalha (tema do sofrimento pela crença), depois recebe de Melquisedec a bênção religiosa. Uma função análoga é desempenhada pela meditação de Shakiamuni às portas de Bodkha. Cristo é crismado e nele penetra o Espírito Santo. Já em criança ele manifesta sabedoria e força milagrosa. Em sua "iniciação" entra a tentação do demônio no deserto.

Os profetas e os pregadores podem agir às vezes contra os demônios[12], sendo porém mais frequente sua atuação contra os

---

12. O adjetivo correspondente a "demônio" ("demoníaco") não pode ser confundido com "demônico", adjetivo correspondente a "dêmon", espírito interposto entre o mundo do divino e o da experiência sensível, partícipe e dispensador de faculdades sobrenaturais.

ídolos e outras religiões estranhas. Na luta contra povos de outras crenças e de outras tribos são usados meios mágicos, sendo o mais frequente a oração e a ajuda de Deus (exemplo claro disso são as assim chamadas "pragas do Egito" e a ajuda estranha a Moisés por parte de Jeová). Um lugar importante é ocupado pela realização dos milagres de caráter bastante diferente: a profecia, a propagação de uma crença, as prescrições morais e religiosas. No mito heroico e no *epos* nada disso ocorre. É formada, em relação a isso, uma outra imagem arquetípica, na qual não há lugar para a fúria dos bogatyr's ou a fidalguia dos cavaleiros. A ira inspira apenas os ímpios, é realçada a resistência à dor e às vezes a disposição para o martírio e a autoflagelação (de que o exemplo mais alto é Jesus Cristo).

O herói do romance cortês é, ao mesmo tempo, o herdeiro do herói épico e fabuloso. As gestas cavalheirescas aproximam-se às do conto maravilhoso. A primeira parte de quase todo romance cavalheiresco lembra-o, com a inclusão do "romantismo" iniciatório dos primeiros feitos, as aventuras fabulosas e o amor bem-sucedido, e, frequentemente, o casamento que traz consigo a concessão de um feudo. Entre os feitos cavalheirescos, a luta contra o dragão é menos frequente, enquanto o são mais os torneios e os duelos, a libertação de prisioneiras e as vitórias sobre bandidos. O já lembrado "romantismo" iniciatório atua, naturalmente, sobre um fundo diferente do conto, embora também esteja frequentemente ligado à realização de "tarefas difíceis" (tão somente sob o aspecto de vitórias na caça ou no torneio, de buscas da fonte secreta etc.).

Mais sério e já orientado para os ideais cristãos, o mitologema da iniciação é introduzido no enredo da *Novela do Graal*[13] por Chrétien de Troyes e seus continuadores, em particular em

---

13. Em português o ciclo recebe costumeiramente o nome de *Em Busca do Santo Graal*.

Volfram von Echenbach. Perceval depara com o misterioso castelo de Graal, que exteriormente nada tem em comum com a habitação do espírito da floresta dos contos maravilhosos (nele, geralmente, nada há de demônico), embora justamente o castelo do Graal seja o lugar da provação do herói. À diferença da situação do conto maravilhoso ou mesmo da dos romances de cavalaria mais habituais, Perceval não deve vencer o dono do castelo – o Rei-pescador – nem dele escapulir. Ao contrário, ele deve demonstrar, em relação àquele, uma compaixão cristã, procurar saber das causas de seu mal, da cerimônia secreta que se desenrola a seus olhos e que, provavelmente, possui um equivalente simbólico. A consagração iniciatória de Perceval à cavalaria revela-se insuficiente, uma vez que algo mais é exigido. Caso Perceval conseguisse demonstrar compaixão, seria então o dono do castelo mágico, e substituiria o Rei-pescador doente (é bem conhecido o motivo da troca dos "reis-sacerdotes"). Ele porém não faz isso, ou seja, não leva a cabo sua iniciação e o castelo desaparece.

O romance de Chrétien de Troyes fica sem terminar, mas nele o herói, que dá continuidade à história, entra no castelo de Graal uma segunda vez, age corretamente e torna-se o herdeiro do Rei-pescador (este esquema, curiosamente, repete-se de outro modo em *O Castelo de Kafka*, onde o herói – o contador K., apesar de todo sofrimento pelo qual passa, não consegue completar a "iniciação" e é rejeitado pelo Castelo).

O cavaleiro não personifica nem o começo tribal, nem o estatal. Conforme se sabe, ele pertence à sociedade expressa cosmopoliticamente, que se atém ao código cavalheiresco da honra, que encerra, ao lado da ousadia, a gentileza, a observação de complexas regras, a defesa dos fracos e dos deserdados etc. No caráter do cavaleiro manifesta-se menos o princípio da espontaneidade das forças naturais, e mais o do aprendizado e da civilização. Comparando-a à do herói épico, a imagem do cavaleiro é plenamente personalizada, embora o cavaleiro não precise ter, para ser bem-sucedido, uma impetuosa determinação.

Sobre o velho arquétipo épico nota-se a pressão do novo ideal romântico. O princípio da personalidade do herói cortês manifesta-se em seus sentimentos, em particular em sua paixão amorosa profundamente individual para com um objeto insubstituível.

Isolda, a loira, já não é uma princesa fabulosa abstrata, e ela não pode ser substituída por nenhuma outra Isolda loira (em termos junguianos poder-se-ia dizer que ocorre a individualização da figura da "anima"). A paixão individual do herói demonstra ser mais socialmente destrutiva do que a teimosia do bogatyr'.

Ela chega a uma contradição decisiva com a obrigação cavalheiresca. Tal conflito, do sentimento pessoal × dever de estado, é desenvolvido não apenas em *Tristão e Isolda*, mas, literalmente, em todas as obras da literatura clássica francesa do período cortês de Chrétien de Troyes.

No romance Erec e Enida ganha o amor, mas em *Ivène ou O Cavaleiro com o Leão* quem ganha é o dever do cavaleiro e suas gestas, em *Lancelot* parece vencer a cavalaria, mas na realidade é o amor, e em Perceval, tanto uma quanto o outro caem diante de outro ideal moral mais elevado.

Mais acima foi notado que na *Novela do Graal* é utilizado novamente o arquétipo da substituição do rei-sacerdote, ligado ao da troca de geração. É este mesmo arquétipo que se nota em *Tristão e Isolda*, em Vis e Ramin e mesmo no romance japonês *Genji Monogatari*, sendo que nessas obras encontra-se frequentemente, ligado com esse arquétipo, o motivo adúltero-incestual da ligação amorosa entre o herdeiro e a esposa do velho rei. O conflito entre amor e dever em *Tristão e Isolda* não chega a uma solução e leva a um fim trágico, enquanto em Chrétien de Troyes, na segunda parte da narrativa (a primeira lembra o conto mara-

OS ARQUÉTIPOS LITERÁRIOS 🌸 61

vilhoso e termina com a obtenção das metas fabulosas), dá-se a harmonização de acordo com a doutrina do amor cortês, que inspira os feitos do cavaleiro.

De modo análogo, no *epos* romântico persa, em *Vis e Ramin* de Gurgani o final feliz é tão somente resultado do acaso, enquanto nos poemas românticos de Nizami ocorre a harmonização baseada na concepção sufista[14] do amor. Em *O Portador da Pele de Tigre* de Rustaveli[15], os ideais épicos e corteses convivem pacificamente, sem chegar a nenhum conflito. No romance cortês japonês de Murasaki, *Genji Monogatari,* o princípio épico é muito tênue (isso, em parte, porque no Japão não existiu um épico verdadeiro e a narrativa heroica surgiu depois do romance), e o herói sente-se, em grau elevado, como um ser individual: a sua paixão romântica é dirigida a muitas mulheres (e não a um objeto único e insubstituível), e, dessa forma, o herói é presa de uma certa lembrança sensível do coração. *O pathos* harmonizador geral atinge-se graças à concepção budista-nipônica de *mono no avare* (o triste encantamento das coisas).

De uma maneira geral, no Ocidente, os traços propriamente cavalheirescos (a não ser em Rustaveli) são expressos de forma bastante fraca, e o herói aparece como príncipe e futuro rei justo e sábio. Assim são Ramin, Khosrov, Iskander. Apesar de todas as idiossincrasias que esboçam o caráter cavalheiresco, este deve ser tratado como modificação do caráter épico, embora bastante atenuado, incluindo a gentileza (ou a sabedoria) oriental, a sensibilidade etc.

Assim, conservando o núcleo da imagem arquetípica do herói, o romance de cavalaria não apenas "o civiliza" mas abre ao herói épico um "conteúdo interior", em certa medida de homem "especial", com suas paixões individuais, portadoras do caos so-

---

14. Atributos de uma tendência mística do Islão (Sufismo).
15. Poeta épico (século XII) da Geórgia, urna das repúblicas da ex-União Soviética.

cial (deve ser notado que nenhuma fúria do herói épico era portadora do caos social, em virtude da coincidência dos impulsos pessoais e sociais). A harmonização, no romance de cavalaria, ocorre em função de algumas concepções corteses, sufistas e mesmo budistas.

Comparando-se o *epos* heroico e o romance de cavalaria, vemos como progride a personalização na imagem do herói. No curso do posterior desenvolvimento da literatura, na representação do caráter heroico, os traços épico-heroicos e romântico-cavalheirescos aproximam-se consideravelmente entre si, ao que corresponde também a vasta experimentação com as diferenças de gênero do *epos* e do romance, na época da Renascença no Ocidente, incluindo diferentes uniões de idealização e ironia (em Pulci, Boiardo, Ariosto, Tasso e Rabelais etc.).

A literatura do fim da Renascença procedeu a uma revisão singular do arquétipo do herói. No *Hamlet*, de Shakespeare, somente a personagem do pai, que aparece na peça como uma sombra, no sentido literal e metafórico, coincide rigorosamente com o ideal heroico.

Nas imagens de Fortinbras e principalmente de Laertes (que realizará sua vingança de clã) este arquétipo está bastante rebaixado, e no próprio Hamlet, complicado e vencido pela reflexão, que revela a falta de sentido da atividade "épica" nas condições de degradação moral geral, avidez de ganho, intrigas etc. Em *Macbeth*, o herói épico quase ideal torna-se um malfeitor demoníaco. Em Cervantes, no *Dom Quixote*, pelo contrário, o verdadeiro e leal cavaleiro transforma-se em figura tristemente cômica, sobre o fundo de uma prosa existencial entusiasmante. Pode-se dizer que, em *Dom Quixote*, há, na "entrada", o arquétipo heroico na variante de um cavalheiro e, na saída, o simplório magnânimo que não compreende as leis cruéis da vida real. De *Dom Quixote* proveio o tipo do original do romance inglês dos séculos XVIII-

-XIX, que se encontra em Fielding, Smollett, Goldsmith, Sterne, Dickens (sendo que, da gênese do herói excêntrico inglês, participou também Ben Jonson, como autor da peça *Cada Um com Seu Humor* [*Every Man in His Humour*, 1958]).

No nível superficial, os traços arquetípicos do herói permanecem por mais tempo na literatura de aventura. Na literatura da Idade Média o herói, de uma maneira geral, opõe-se, de uma forma ou de outra, à realidade que o cerca: ao mesmo tempo aprofundam-se as tentativas de perscrutar em seu interior, na alma do herói. No quadro do sentimentalismo e do romantismo surgem heróis que se encontram em conflito com o meio circunstante ou com a sociedade em geral, sensíveis ou insensíveis, inclinados à tristeza, à resignação melancólica ou, ao contrário, à revolta demoníaca até a negação de Deus. Compare-se, de um lado, o *Werther* de Goethe, o *Adolphe* de Benjamin Constant, o *Oberman* de Sénancour e, por outro, *A Italiana* de Ann Radcliff, Medardo de *Os Elixires do Diabo* de Hoffmann, *Melmot, o Peregrino*, de Maturin, *O Corsário* de Byron, e mais Lara, Cain, Giaour. Isso sem esquecer as personagens "supérfluas" da literatura russa, a começar por Oniéguin e Petchórin[16].

Os elementos do demonismo no herói que expressa "a ofensa universal", o "mal do século", estão diretamente ligados à impossibilidade da realização épica (isso é comprovado de modo realista e racional em *O Vermelho e o Negro* de Stendhal e em parte em *O Herói de Nosso Tempo* de Liérmontov). Por isso, o caráter "furioso" dos heróis byronianos ao mesmo tempo repete e nega o arquétipo épico do herói.

Na literatura realista do século XIX, como ocorre, por exemplo, em Balzac e em Flaubert, observa-se uma redução do herói

---

16. Personagens principais, respectivamente, dos romances *Evguêni Oniéguin* de A. S. Púchkin (1779-1837) e *Um Herói de Nosso Tempo* de M. I. Liérmontov (1814-1841).

e do heroísmo, sob a influência do meio que se reflete nela. Uma desmistificação do heroísmo que conserva alguns traços arquetípicos é dado por Dostoiévski na figura de Stavróguin em *Os Demônios* (no plano da interpretação do caráter) e na de Raskólnikov em *Crime e Castigo* (no plano da teoria). O verdadeiro herói em Dostoiévski é o ser nobre e excêntrico, com traços de santo e de louco (*O Idiota*).

A plena deseroicização, a tendência à representação de um herói sem personalidade, vítima do alheamento, em parte devida à sua aproximação semi-heroica aos muitos arquétipos mitológicos que se transformam em máscaras descartáveis, é o que se sente na literatura moderna do século xx.

O arquétipo heroico presta-se, desde muito cedo, a ser transformado em drama que, em uma ou outra medida, trata de assuntos mitológicos, lendários ou épicos. No drama, se por um lado complica-se a personalidade do autor e são mesmo notadas colisões internas, por outro atuam nitidamente forças que não dependem da personalidade e que, contrapondo-se a ela, constituem o cerne da tragédia. Nos mitos gregos o herói choca-se a cada passo com a vontade dos deuses, mas esta vontade é dispersa, uma vez que os deuses, acima de tudo, brigam entre si pelo favor e pelo desfavor dado às respectivas amantes. Desse modo, em muitos casos, os deuses como que encarnam as forças dos próprios heróis. Por isso, embora a previsão dos oráculos e a maldição dos deuses frequentemente (não sempre, devido à interferência de outros deuses) se realizem, os mitos heroicos não são penetrados de fatalismo.

Em Ésquilo, os "caracteres" heroicos são, na maioria das vezes, esboçados de forma menos acentuada que nos mitos gregos, principalmente os do *epos* heroico (*Ilíada* etc.), mas é conservado um fundo épico e uma confrontação dos gregos contra os persas (*Os Persas*) ou, parcialmente, contra o Egito (*As Orantes*). Na imagem, por exemplo, do patriotismo tebano, encarnado na imagem de Etéocles (*A Expedição dos Sete Chefes contra Tebas*), a *Orestríade*, que se aproxima da tragédia da vingança e do destino, está correlacionada à ideia de retribuição justa por parte dos deuses.

Uma exceção conhecida é o *Prometeu Acorrentado* onde a cultura mitológica do herói cultural, que se opõe ao poder divino superior de Zeus, e que não deixa de ter certo orgulho "épico" e a obstinação de um caráter heroico nobre, não encontra uma conclusão harmoniosa, ao contrário dos verdadeiros heróis épicos do tipo de Aquiles. É verdade que, nos trechos remanescentes da tragédia *Prometeu Acorrentado*, o apaziguamento entre o herói e os deuses de certa forma ocorre, mas não em virtude da situação épica do mundo e sim graças a uma mudança na postura de Zeus.

Em Sófocles, o caráter heroico "furioso" de Ájax, na tragédia do mesmo nome, desacredita-se a si mesmo, na medida em que Ájax se apresenta como um desvairado que luta contra uma grei de ovelhas. Além disso, é revelada a fraqueza desse herói épico diante da deusa Atena como, de uma maneira geral, diante de qualquer força superpessoal. A reação do herói é o suicídio.

Uma crise ainda mais nítida, tanto mítica quanto épica, dos arquétipos manifesta-se na famosa tragédia sobre o conhecido argumento (que já fora elaborado antes por Ésquilo) do *Édipo Rei*. O argumento mítico básico do Édipo, cujo sentido profundo consiste na troca de gerações dos poderosos, à medida que a maturação do jovem herói se manifesta no incesto, é deixado por Sófocles à margem da ação e é levado para o passado. Dele é conservado e realçado apenas o matiz fatalista. Édipo realizou seus feitos fatídicos como personagem heroica e "épica", que reage à situação imediatamente, agindo por impulso, sem reflexão alguma. É por isso que ele reflete depois, explicando o verdadeiro significado dos acontecimentos já sucedidos. Sua conduta naturalmente épica no passado é decifrada agora como uma série involuntária de crimes. E Édipo responde pela força impessoal do destino cegando a si próprio (cf. o suicídio de Ájax). A purificação de Édipo e sua pacificação com os deuses na tragédia *Édipo em Colono* dão-se em bases completamente diferentes (tal como na tragédia *Libertação de Prometeu* de Ésquilo).

A união da totalidade épica e da impotência trágica caracteriza também as heroínas de Sófocles (Electra, Djanira, Antígona). No quadro da tragédia grega o espaço que separa o mito do *epos* é preenchido por Eurípedes.

L. E. Pínski, no artigo "O Trágico em Shakespeare" [Pínski, Moscou, 1961, pp. 250-296] insiste no fato de que a condição épica do mundo e a formação épica do caráter dos principais heróis constituem o ponto de partida do enredo trágico.

Pode-se falar de um único ponto de partida característico, comum a naturezas tão diferentes como Brutus e Otelo, Lear e Antônio, Coriolano e Timon. O que os destaca de todos é o senso de justiça, o ódio à adulação e uma sinceridade que chega a ser cortante ou rude. Todos eles são confiantes, ingênuos até a cegueira e têm fé em seus esforços. Sua conduta revela a perseverança, a coragem, a generosidade das naturezas heroicamente grandes [...]. Não é difícil de convir que é esse o conjunto de traços do herói épico, nos diferentes povos (*idem*, p. 269).

O trágico em Shakespeare esboça-se no momento em que surge a necessidade da morte do herói, ou, mais precisamente, da morte do *heroico*. A morte do heroico é realmente o traço da tragédia, à diferença do *epos*. Entretanto, em particular, nas tragédias de Shakespeare [...], à pouco desenvolvida *identificação* do herói com a situação épica social corresponde a *colisão* trágica e o engano do herói (*idem*, p. 273).

A fratura na tragédia – do Coriolano-defensor abnegado de Roma ao Coriolano-traidor – é igual à passagem do Timon-filantropo ao Timon--misantropo, do Otelo crédulo ao ciumento etc. (p. 276).

Assim dá-se o desenvolvimento do trágico, como a passagem de uma característica épico-sincrética a uma personagem caracterizada tragicamente (p. 290).

OS ARQUÉTIPOS LITERÁRIOS ❦ 67

A força épica e a coesão de sua (do herói) natureza, sua fé em si mesmo e a consciência de seu direito, nas condições da tragédia torna-se... uma força destrutiva, devastadora (p. 291).

Acrescentemos a isso algumas palavras. Tal como ocorre no drama antigo, os heróis shakespearianos chocam-se com forças suprapessoais que agora, é óbvio, têm um outro caráter (uma outra "sociedade de direito", uma nova ilegalidade, uma nova hipocrisia, "A Dinamarca inteira é uma prisão" etc.) O arquétipo heroico desenvolve-se. Manifesta-se a "grande natureza épica". Lear volta-se contra si próprio e transforma em seu próprio abandono a ingenuidade épica em relação aos outros, fatos e pessoas, que se torna um crime involuntário. Na origem a ênfase tinha sido dada à história de Cordélia (como à Cinderela do conto), e a isso Shakespeare renunciou.

Na imagem de Macbeth o arquétipo do herói épico (segundo a crônica de Holinshed, ele era um chefe sábio e justo) transforma-se em malfeitor demoníaco. Em *Hamlet*, apenas o velho e finado pai, o nobre vencedor do velho Fortinbras, corresponde ao arquétipo épico, enquanto os realizadores da tarefa épica – vingar o pai – são uma caricatura do verdadeiro herói (o jovem Fortinbras), ou um ser sem princípios e covarde (Laertes), ou, enfim, um caráter pensativo desencantado, isto é, "antiépico" (o jovem Hamlet). Na lenda de Hamlet, apresentada por Saxo Grammaticus, o herói, conforme é sabido, é epicamente desprovido de qualquer reflexão.

* * *

O arquétipo do herói está, desde o início, intimamente ligado ao do anti-herói, o qual muitas vezes une-se ao herói, numa única pessoa. É preciso dizer, antes de mais nada, que justamente aos mais antigos, aos mais arcaicos heróis culturais é que são atribuídos os ardis mais diabólicos, nem sempre realizados por meios legítimos ou edificantes. Por exemplo, Maúi, em conluio com sua ancestral divina, vale-se da astúcia como meio de obtenção do fogo, do anzol para pescar, da armadilha para apanhar passarinhos etc. Ele se vale igualmente da astúcia em suas relações com irmãos e parentes. O caráter moleque de Maúi deu origem a um de seus apelidos – "Maúi das Mil Artes". O Corvo, em tribos paleoasiáticas e indianas, também recorre à astúcia no processo de seus achados engenhosos. Por exemplo, ele se fantasia de criança chorosa para obter as bolas – as estrelas do céu –, da filha do espírito do mal.

Às vezes, ao contrário, o Corvo realiza algumas ações com a finalidade de satisfazer a fome, ou algum desejo. Caso a obtenção de comida satisfaça a fome de toda "uma família", seus truques são bem-sucedidos; caso eles sirvam para satisfazer interesses puramente egoísticos, muitas vezes em prejuízo dos recursos alimentares armazenados pelos familiares, aí ele quase sempre fracassa e seus achados redundam em um fiasco (fato esse que testemunha a condenação moral desses achados).

Também é deste tipo a conduta marcada pela duplicidade de Coiote, de Manaboso, do Velho, nos mitos das tribos indígenas da América do Norte e nos mitos sobre os heróis culturais de outras zonas étnicas. É verdade, existe uma tendência em separar as ações criativas dignas do Corvo, do Coiote e de outros (que se manifestam em atitudes sérias, "ritualizadas") e as outras, vergonhosas, que não trazem nada de útil para o povo ou para a aldeia (fala-se delas como traquinagens, como feitas para divertir-se).

Além disso, embora as ações criativas do Corvo sejam idênticas em muitos aspectos, nas vertentes americana e asiática, as ações diabólicas se diferenciam bastante e isso leva a crer que estas tenham surgido num estágio mais tardio, já após a divisão das tribos da raça, parte das quais se dirigiu para a América, onde se estabeleceu. Conforme foi salientado, a utilização da astúcia para a realização de ações "culturais" criativas existiu desde o início (devido à indiferenciação da magia, da astúcia e de outros meios), enquanto os atos notoriamente traquinas, em geral egoísticos (e que, além disso, parodiam os atos sérios do xamã), teriam surgido mais tarde como uma espécie de respiradouros, de manifestações "carnavalescas".

Na parte oriental da América do Norte o herói cultural digno ou nobre e o *trickster* travesso e moleque estão separados; por exemplo, nos Vinnebago, ao lado do herói cultural assimilado à Lebre, figura o *trickster* Vakdiunkag, cujo nome parece ser o mesmo que denota "brincadeira" ou "loucura".

Na mitologia de muitos povos do mundo o herói cultural tem um irmão ou, mais raramente, uma série de irmãos, que ora o ajudam, ora o prejudicam (cf. os atos hostis e invejosos dos irmãos mais velhos, nos contos maravilhosos). É igualmente frequente a representação de dois irmãos – um "sábio" e outro "idiota" – que correspondem ao herói cultural e ao *trickster*. Este último, ou imita de forma desajeitada o herói cultural, ou perpetra intencionalmente uma série de malfeitos.

A Melanésia fornece exemplos bastante característicos de ambas as possibilidades. Na tribo dos Hunantun (Gunantun), do par de gêmeos To Kabinana e To Karvuvu, o primeiro só realiza o "bem" (a vingança justiceira, a pesca do peixe útil atum, o tambor para as festas, a cabana que protege da chuva), enquanto que o segundo, de acordo com a lei da imitação desajeitada, só produz o "mal" (a hostilidade entre os papua e os baining, o tubarão, o tambor para os funerais, a cabana ruim, que não protege da chuva). Ele aparece como causa da própria morte, na medida em que impediu à mãe que mudasse de pele, como fazem os répteis, e continuasse vivendo.

Essa divisão em herói cultural sério e sua variante negativa demônico-cômica corresponde, no plano religioso, ao dualismo ético (cf. nas religiões superiores, Ormazd e Akhriman, Deus e o Diabo etc.) e, no plano poético, à distinção entre heroico e cômico (este, ainda não completamente diferenciado do princípio demônico). Repare-se que ao lado de Prometeu havia seu irmão Epimeteu, "cheio de saber atrasado" (vencido, que já não adiantava), e que, por isso mesmo, casava-se com Pandora, a responsável pela difusão das doenças e das desgraças no mundo. Ao *trickster* assemelha-se muito o grego Hermes. Uma imagem resquicial do *trickster*, ou seja, do mitológico moleque-impostor pode ser vista no *epos* escandinavo em Loki (*pendant* do deus superior Odin, o herói cultural autêntico) e no norte-caucásico Sirdon (correlacionado com Sosruko-Soslan, portador dos traços de herói cultural). O caráter do *trickster* é próprio também de algumas ações de Heser. Mais tarde, o tipo do *trickster* passou a ser característico do conto de animais (cf. a raposa, na Europa) e da anedota, representando um precursor remoto do herói do romance picaresco.

A existência do tipo *trickster* nos mitos da criação e, particularmente, a possibilidade de reunir numa única figura os traços de *trickster* e de herói cultural explicam-se, em parte, pelo fato de a ação, nos mitos sobre a criação, estar relacionada com o tempo que precede o estabelecimento de uma lei rigorosa de ordenação do mundo. Isso confere aos contos sobre *tricksters* um caráter significativo de válvula de escape legítima, de antídoto seguro contra a regulamentação miúda da sociedade tribal, contra o espiritualismo xamânico etc. Certa comicidade universal, que se encontra na figura mitológica do pícaro (muitas vezes ele entra em "frias"), acaba contagiando de alguma forma suas vítimas. Ela é parente daquela força "carnavalesca" que se manifestava como elemento de autoparodia e licenciosidade nos rituais dos cultos australianos, nas saturnais romanas, nos rituais medievais do carnaval, nas "festas dos bobos". M. M. Bakhtin, conforme se sabe, considerou a carnavalização o traço mais importante da cultura popular até a época do Renascimento.

A reunião de herói cultural e bufão divino (cf. P. Radin, *O Impostor* (*Trapaceiro*. *Trickster*) *Divino*, 1954) relaciona temporalmente o surgimento do indivíduo enquanto ser social, ou seja, determina o momento em que se dá a evolução de força da natureza para consciência do herói. C. G. Jung assimila as imagens dos *tricksters* ao olhar do "eu", perdido no passado remoto da consciência coletiva e ainda não diferenciado; ele associa o escandinavo Loft ao arquétipo das "trevas", e Epimeteu à *persona*, em contraposição à "individualidade" de Prometeu.

K. Kerényi, que foi colaborador de Jung (cf. *Introdução à Essência da Mitologia*, 1951), associa o *trickster* aos fins da Antiguidade. C. Lévi-Strauss evidencia, em primeiro plano, a função mediadora tanto do *trickster* quanto do herói cultural. Ambos ligam dois mundos diferentes, sendo, por isso mesmo, capazes de derrubar as oposições que existem entre elementos polares.

No que se refere à concepção do caráter arcaico, não diferenciado, do *trickster*, convém lembrar que este aspecto aparece, em sua determinação, num estágio bem posterior do que o de episódios isolados de manifestação de astúcia por parte do próprio herói cultural, na realização de autênticos fatos de criação (como é o caso, por exemplo, do polinésio Maúi).

Em sua forma clássica, o *trickster* é gêmeo do herói cultural, sendo-lhe oposto não como o princípio inconsciente se opõe ao consciente, mas antes como o ingênuo, o tolo, o maldoso e o destrutivo se opõe ao sábio e ao criativo. A figura arquetípica do moleque-brincalhão mitológico reúne em si um inteiro repertório de desvios da norma, sua inversão, sua ridicularização (eventualmente com a função de "válvula de escape"), uma vez que esta figura do "bufão" arcaico só pode ser pensada tendo a norma como referente. É nisso que consiste a oposição gemelar arquetípica do mito do herói cultural sábio e de seu irmão tolo ou mau, egoísta e violador das regras de assistência mútua, às quais o nascimento o obrigaria.

O *trickster*, à diferença do herói cultural, é bastante associal e por isso mesmo mais "pessoal". É este o motivo pelo qual ele é apresentado negativamente, como figura marginal, muitas vezes até mesmo se opondo à própria tribo ou clã.

Deve ser notado que a alternância das duas variantes (o *trickster*-irmão e o *trickster*-segundo-rosto do herói cultural) não é absolutamente casual. O que está sendo utilizado aqui é o mito gemelar em que a ligação e a semelhança entre os gêmeos os leva à notória identificação, causa de uma série de aparentes quiproquós, entre eles mesmos.

É por isso também que nesse conjunto encontram-se igualmente as raízes remotas do motivo do duplo e da duplicidade, que passará a ser estudado em profundidade somente nos séculos XIX-XX, a partir dos românticos (Chamisso, Hoffman, E. A. Poe, Gógol, Dostoiévski, O. Wilde etc.)

Numerosos *tricksters* zoomorfos africanos ocupam um lugar proeminente entre os "moleques" mitológicos e os espertalhões zoomorfos das fábulas ou contos de animais. Dentro da moldura do gênero do conto de animais, uma parte significativa (e a maior) é ocupada pela oposição entre herói e anti-herói, atrás da qual, via de regra, se esconde a oposição da conduta social e associal. Isso ocorre pelo fato de que, num conto onde há um grande número de animais, tanto os que são celebrados quanto os que fracassam (frequentemente são os mesmos) são os associais que atuam num ambiente de malandragem geral. A raposa astuciosa é essencialmente o anti-herói, quando não se torna o verdadeiro herói; em ambos os casos isso a liberta da auréola negativa. Isso vale também para a raposa *(renard)* do *epos* livresco francês dos animais e para a principal personagem protagonista do *makamam* do Oriente Próximo.

OS ARQUÉTIPOS LITERÁRIOS ❦ 73

Nas anedotas folclóricas, nos *fabliaux*, nas *chvankas*[17], e em particular nas novelas da Renascença, a colisão resolve-se, muitas vezes, com a enganação do simplório (bobo) por parte do esperto, ou com sua irrisão para divertimento. A anedota folclórica e seus derivados livrescos são construídos justamente sobre a oposição inteligência (astúcia) × parvoíce (simploriedade ingênua), dificilmente encontráveis na mesma personagem. O papel de mediador entre o esperto e o parvo é realizado pelo bufão. No caso de os dois antagonistas serem ambos espertos, então a astúcia de um pode vir a ser limitada pela contra-astúcia do outro. É isso que ocorre, por exemplo, num grande número de enredos de adultério, onde nos regozijamos ora com a inventividade dos amantes, ora com seu desfazimento pelo marido.

Convenhamos, a imagem do astucioso em obras desse gênero, mesmo que sua inventividade entusiasme, nada tem em comum com o arquétipo do herói ideal e, ao contrário, representa uma modificação enfraquecida do arquétipo do anti-herói- -*trickster*.

Ambos os arquétipos são em parte sintetizados na imagem do herói novelístico.

Já no conto habitual[18] e, naturalmente, na novela clássica, não se encontra mais o tema da formação quase ritualística do herói, ou seja, sua biografia heroica, através da qual transparece o ritual da iniciação. Os elos de uma biografia mítica ou mágica se tornam enredos isolados onde o determinante ora é o destino (nos contos habituais), ora a ação recíproca das iniciativas astuciosas da personagem principal e das iniciativas de seus companheiros

---

17. Do alemão *Schwank*: conto e/ou às vezes peça em verso ou prosa, frequentemente satírico ou moralizante.

18. Do original russo рассказ (*rasskar*): "conto", "relato" (não maravilhoso, nem de magia).

ou do jogo do acaso (na novela clássica). A novela aprecia sobremaneira o herói astucioso e, em particular, as falas aguçadas. A novela delicia-se em desenhar cada manifestação da iniciativa, em particular do engenho criativo, mas inclina-se igualmente a atribuir a seu herói a fidalguia principesca e galante, a magnanimidade, a aparência atraente (cf. os inúmeros heróis de Boccaccio ou outros, semelhantes). Os falsos e os maldosos desempenham, nas novelas, o papel de anti-heróis e é por isso que a novela, de alguma maneira, afasta-se da tradição propriamente *tricksteriana*, enquanto se aproxima do *trickster* mitológico. A tradição dos *tricksters* apoia-se nos *fabliaux*, nas *chvankas* sobre o *pope* Amis ou sobre Till Ullenspiegel, nos *makamans* árabes, na tragicomédia espanhola da Celestina (século xv) e renasce no romance picaresco espanhol.

O romance picaresco reatualiza o arquétipo do pícaro, que sempre existiu na "baixa" literatura. A crise da sociedade feudal na Espanha, responsável pela incidência maior de vagabundos e criminosos, constituiu um ambiente social propício. O pícaro espanhol, de acordo com o arquétipo, tal como o *trickster* primitivo, atua em prol da satisfação dos interesses materiais, da fome e, em parte, da libido. Material, neste caso, tem a acepção de inferior, e no inferior, tal como no cômico, ocorre a degustação de pormenores naturalísticos. O aspecto demônico presente de alguma maneira no arquétipo encontra-se aqui enfraquecido. O pícaro, novamente de acordo com o arquétipo, não desempenha apenas o papel de *trickster*, mas às vezes também o do simplório e do bufão. Lembre-se de que o bufão é o mediador entre o impostor (*trickster*) e o simplório, e às vezes ele é o impostor disfarçado de simplório, sendo menos frequente o caso de ele ser o simplório que tenta enganar com meios desastrados. Lazarillo de Tormes – o herói do primeiro romance picaresco espanhol (que data de meados do século xvi, enquanto os que se seguiram a ele começaram a ser escritos no século XVII) – exibe mais traços de simplório que de *trickster*; Don Pablos, o herói de Quevedo, manifesta sua pobreza de espírito ao defender a honra da mãe-bruxa e ao se expor à provocação dos estudantes; Guzmán de Andrade (no romance de Mateo Alemán) pagou o preço de sua credulidade para com os parentes genoveses. Tanto Gusmán quanto Pablos fracassam em suas aventuras amorosas (por sinal, como muitos *tricksters* arcaicos, entre os quais, o Corvo). O pícaro aparece – dizíamos – também como bufão, e nesse papel realiza uma porção de "artes" de pura molecagem. Entenda-se que todas essas e outras personagens semelhantes a ele (não somente na Espanha) perpetram "feitos" puramente de *trickster*: Lazarillo consegue tirar a comida dos donos avarentos; Guzmán, o malandro-modelo que finge estar na miséria, rouba o comerciante, engana o usurário e o vendedor de especiarias. Pablos não desdenha igualmente roubar ou enganar. No estereótipo seguinte do romance picaresco espanhol, o romance alemão de Grimmelhausen, *Simplissimus* (o próprio título realça a simploriedade), o herói troca abruptamente o disfarce de simplório pelo do bufão ou do *trickster*, sem confundi-los entre si.

Diferentemente do arquétipo, no romance *tricksteriano* esses três aspectos do herói seguem-se rigorosamente um ao outro na sequência simplório-bufão-*trickster* (impostor). Nesse sentido, este tipo de romance adquire alguns traços do "romance de formação". Trata-se da formação da própria vida em que, tal como de resto no *tricksteriano* arcaico, domina uma atmosfera de impostura geral. A passagem de simplório para bufão e *trickster* tem o caráter da conhecida "iniciação", durante a qual o herói liberta-se de sua credulidade infantil (veja-se, por exemplo, Lazzarillo, que justamente por isso é induzido pelo mudo a ferir-se contra o touro de pedra; em outros casos, os heróis aprendem com os primeiros fracassos). Essa iniciação, que se caracteriza pela superação da simplicidade inicial, encontra-se às vezes também nos romances de cavalaria, em *Perceval* por exemplo, de modo que é possível que tenha tido alguma influência no *Simplissimus*.

Tanto no romance arcaico quanto no picaresco a fome é impulso da trapaça, só que, enquanto nos mitos sobre os *tricksters* e nos contos de animais a fome motiva ações isoladas, naquele último ela e, em geral, a miséria e a necessidade tornam-se a motivação material para a formação do caráter do herói, que vive em um mundo cruel, injusto e desarmonioso. O caminho da trapaça no romance é, em parte, predeterminado pela própria situação de inferioridade social do herói.

No romance picaresco, o arquétipo do *trickster*, reatualizado numa situação de desagregação dos laços patriarcais, é introduzido no âmbito da narrativa de costumes autenticamente satírica (e não apenas humorística ou cômica, tal como era considerada universalmente pela tradição) e ingressa na grande forma romanesca. Nesse sentido, o romance picaresco é também o antípoda do romance de cavalaria; no seu gênero acaba sendo um antirromance, embora (com exceção do *Dom Quixote*) não parodie diretamente o romance de cavalaria.

Os elementos de paródia são bastante evidentes no romance "cômico" francês (Sorel, Scarron, Fureterre), que se contrapõe ao pseudo-heroico e outros epígonos (quanto ao romance de cavalaria), ao romance preciosista e a seus heróis altos e "idealizados".

Entretanto, é justamente o elemento picaresco que se enfraquece um pouco no romance francês do século XVII (enfraquecimento este, cujo começo foi estabelecido já pelo espanhol Espinel em *Vida de Marcos de Oberón*); Francion, no romance de Sorel, reúne em seu caráter certo picaresco inato e certa traquinagem "curiosa" com os traços de um nobre cavaleiro; no *Romance Cômico*, de Scarron, os heróis do polo superior da narrativa são tradicionalmente "nobres"; no *Romance Burguês*, de Fureterre, dá-se o afastamento consciente da figura do herói enquanto é buscado o suporte da sátira (*O Romance da Praça Mobert*, como o denonima o próprio autor). A tendência da transformação do romance picaresco em romance de costumes continua a consubstanciar-se em *Gil Blas* de Lesage (começo do século XVIII) e isso, não obstante o colorido intencionalmente hispânico do disfarce convencional do pícaro, que possui o principal protagonista. No romance de Prévost, *Manon Lescaut*, algumas modificações dos arquétipos do cavaleiro e do *trickster* se juntam novamente para compor a figura do herói; (isso depois da novela clássica e em parte da narrativa de Sorel). Em Prévost e Mariveaux confluem as tradições do romance psicológico do tipo de *A Princesa de Clèves*, de Mme. de Lafayette, provenientes das narrativas galantes e cavalheirescas, e as do romance picaresco, que já se torna romance de costumes.

O tipo do "camponês-arrivista" de Marivaux serve de ponte para a chegada do jovem "conquistador" de Paris, como o herói de Balzac (do tipo de Rastignac ou de Lucien de Rubempré). Se *Moll Flanders*, de Defoe, ainda carrega o nítido semblante do *trickster* e lembra o impostor da picaresca espanhola, ele contém, entretanto, ao mesmo tempo, os traços de mulher de negócios, que quer encontrar seu rumo no mundo. Nos romances de Smollett e de Fielding, os heróis já estão completamente livres da máscara e da posição marginal do pícaro. Eles são pessoas medianas, cheias das fraquezas inerentes à sua posição e que se veem diante da necessidade de lidar com a vida com meios nem sempre elevados. Considerando-se que o título completo do romance de Fielding é *The History of Tom Jones, a Foundling*, pode-se dizer que o protagonista da história perfaz o caminho que vai do *trickster* ao "enjeitado".

Nos já mencionados romances de Balzac e em outros romancistas do século XIX, o arquétipo do *trickster* transforma-se definitivamente no tipo do jovem que sofre para encontrar seu lugar ao sol (na maioria das vezes trata-se de alguém que chegou a Paris vindo da província), passando por desencantos e utilizando meios cada vez mais duvidosos (quase picarescos) na luta pela sobrevivência.

Ao mesmo tempo porém, na literatura dos séculos XIX e XX, continua a ser usada a forma do romance *tricksteriano* e o arquétipo mais ou menos modernizado do pícaro (desde as *Almas Mortas* de Gógol até *Félix Krul* de Thomas Mann ou *As Doze Cadeiras* de Ilf e Petrov).

Em Richardson, escritor inglês do século XVIII, que, tal como em Prévost e Mariveaux, reúne a tradição do romance psicológico e de costumes, não há *tricksters*, mas, em *Clarissa*, aparece uma das personagens demoníacas, Lovelace (quem sabe herdeiro do Satanás de Milton, em parte realizado como nobre libertino à guisa de Don Juan), que tem os traços do egoísta sofredor, prenunciando dessa forma (juntamente com os heróis de Choderlos de Laclos e do Marquês de Sade) a componente demoníaca do caráter do herói romântico.

Claro está que ao herói, mesmo nas narrativas arcaicas, se opõem outras personagens a ele relacionadas de alguma maneira. A ideia corrente de que nos mitos e particularmente nos contos maravilhosos se desencadeie o embate entre o bem e o mal é uma simplificação muito grande e, em princípio, indevida. Trata-se antes, desde o começo, da contraposição "próprio"/"alheio", "caos"/"cosmos". "Próprio", conforme já foi dito, significava inicialmente o coletivo do clã ou da tribo, que passou a designar subjetivamente o "humano" e foi personificado na imagem do herói. O mundo "próprio" e o herói que o encarna são envolvidos por diferentes espíritos-patronos, mais tarde "deuses", ambivalentes em relação ao herói, que tanto podem ser "bons" como "maus". Em parte, esta ambivalência é conservada posteriormente, no mito e no conto especificamente heroico, onde os deuses

OS ARQUÉTIPOS LITERÁRIOS ❀ 79

protegem ora um ora outro herói, favorecendo ou perseguindo um ou outro, em função, muitas vezes, das relações que os deuses mantêm entre si. Os mitos gregos dão disso inúmeros exemplos. Nos contos, diferentes personagens mitológicas ajudam ou atrapalham o herói conforme sua conduta pessoal. Mais ainda, os *tricksters* mitológicos muitas vezes guerreiam com o herói, mas ao mesmo tempo são seus irmãos (pertencem ao mesmo mundo "próprio") ou chegam até mesmo a ser um segundo "eu" do próprio herói.

A ambivalência específica, conforme foi exposto, é inerente às imagens mitológicas da Grande Mãe e do Grande Pai, que não convém absolutamente reduzir às relações de uma pequena família, tal como costumam fazer os psicanalistas. A Grande Mãe é a deusa da fecundidade. Como personificação mitológica da Terra, ela mantém relações tanto com o cosmos quanto com o caos, com o começo criativo – principalmente com o da natureza que compreende o erotismo e a proteção dos cultos orgiásticos –, e com a morte (a morte temporária, por sua vez, conduz à ressurreição e à reencarnação). Daqui provêm os laços eróticos, não obrigatoriamente incestuosos, com o herói e a participação tanto em sua perdição como em sua salvação.

À medida que se desenvolviam as relações patriarcais e a formação de uma mitologia celeste superior (o deus-fundador, marido da mãe-terra, é frequentemente identificado com o céu), a Grande Mãe é mais frequentemente identificada com o caos, com os velhos deuses (um nítido exemplo disso é a babilonesa Tiamat), com o caos das águas ou das montanhas, enquanto que nas épocas arcaicas ela aparecia frequentemente como mãe de monstros que guerreavam entre si: no *epos* turco-mongólico da Sibéria são as Velhas-Codornas, os monstros Mângus etc.; no *Kalevala*, é Loukhi, senhora do Norte demônico: no *epos* irlandês, é a rainha-feiticeira Medb; naquele anglo-saxônico é a mãe do monstro Graendel e assim por diante (apenas nas narrativas folclóricas dos nartos é Satána, a "mãe dos nartos", ou seja, dos seus "próprios" heróis).

À imagem da Grande Mãe estão provavelmente ligados os diferentes contos e relatos de bruxas e de madrastas, que igualmente carregam muitas vezes os traços de feitiçaria. Entretanto, como mãe no verdadeiro sentido da palavra, como genitora de um deus ou de um herói ou até mesmo como "madona", ela adquire uma luz profundamente positiva. De qualquer maneira, a grande ambivalência secular cede lugar a uma nítida diferenciação.

Um eco do "casamento sagrado" com a deusa é o relato bíblico de como José (em cuja imagem estão os resíduos do deus que morre e ressuscita) conseguiu o amor da mulher de Putifar. Daqui ao mito de Fedra e Hipólito é apenas um passo, só que, além das muitas relações remotas entre Fedra e a imagem da Grande Mãe, é necessário ter em mente o aparecimento do motivo do incesto, na medida em que se trata de madrasta e afilhado. O deus que morre e ressuscita pode estar eroticamente relacionado com a Grande Mãe, mesmo se ela for sua própria mãe ou irmã, pois este tipo de erotismo, conforme é sabido, tinha o caráter de ritual, de magia orgiástica dentro da moldura dos ritos do calendário (frequentemente incluindo também o "casamento sagrado" com a deusa). No mito de Fedra e de Hipólito pode-se observar a passagem de mãe a madrasta (embora não obrigatoriamente, pois aqui trata-se ainda do amadurecimento do filho, amadurecimento este cuja prova é o fato de o filho querer trair o pai).

E aqui já passamos para as relações entre o herói e seu próprio pai. A imagem do "Pai Comum" (sendo seu exemplo mais arcaico o de Daramulun, Biral, Koni, Nurundere e de outras personagens como estas que se encontram na mitologia do Sudoeste da Austrália) ou do pai imediato do herói (por exemplo, o deus do Sol, já lembrado aqui, dos índios americanos) é ambivalente pois, conforme já foi dito, em parte encontra-se ligada ao papel dele de patrono da iniciação, que tem caráter de "sacrifício" ritual, e, em parte ainda maior, à perspectiva da troca do poder, a ser assumido pela geração mais nova. O fato de não tratar-se aqui propriamente do sangue paterno enquanto tal, mostra a possibilidade da variante em que em lugar do pai comparece o tio ou o futuro sogro.

Conforme é sabido, o incesto com a mulher do pai (a qual pode ser a própria mãe inclusive, como no caso dos bororos observado por Lévi-Strauss em suas *Mythologiques* de 1964-1971) ou com a mulher do tio (como se dá no mito tlingit) é sinal do amadurecimento do herói. É o caso de *Édipo*, em que, além disso, parece estarem refletidos o assassinato do pai por parte de seu herdeiro e o casamento com a viúva (a mãe do herói), através da qual se dá o acesso ao trono. Ao se lidar com o argumento do *Édipo* e outros semelhantes, deve deixar-se completamente de lado a interpretação psicanalítica. As mais próximas da verdade são as explicações de Lévi-Strauss (a correlação entre o "descrédito" dos laços de parentesco quanto ao assassínio do pai e a sua "sobrevalorização" no que diz respeito ao incesto com a mãe); de Propp (luta pelo poder e troca do poder imperial através da mulher) e, especialmente, a de Terner (destruição e mistura das relações de parentesco e de não parentesco e troca de gerações, inclusive dentro da mesma temática da adivinhação da esfinge).

Conforme já foi reparado anteriormente, a descrição em *O Ramo Dourado* de J. Frazer e seus seguidores (A. B. Cook, E. Evans-Pritchard, K. Frankfort, A. M. Hockart, G. P. Levy, G. Marry) do rito da morte periódica do rei-feiticeiro, ou seja, da sacralização do rei, de cujas forças mágicas depende o bem-estar da tribo e da natureza circunstante, é um ritual paralelo ao dos mitos da troca de geração.

O ritual incluía o sofrimento e a luta do sacerdote com o novo pretendente. No próprio ritual e, em particular, nos mitos, surgem também as representações ligadas com a iniciação. Sabemos igualmente que com este complexo se relaciona a própria luta entre pai e filho, ao qual está predestinado o reinado no lugar do pai, e mesmo o assassínio deste (cf. *Mot.* 343).

Confirma-se então mais uma vez a ambivalência nas relações entre o herói e ambos os seus genitores (incesto, inclusive), a qual possui raízes sociais antigas e não reflete conflitos imediatos que possam ocorrer em qualquer grupo familiar pequeno.

Um sentido completamente diferente possui o relato, bastante frequente no *epos*, da guerra entre o pai e o filho que não o conhece. O embate habitualmente termina com a vitória do pai (Hildebrand e Hadubrand, Rustam e Sokhrab, Iliá Muromets e Sokolnik e outros). Trata-se de um enredo trágico, que esboça as consequências de um casamento deslocal (antes de tudo, endogâmico), sobre o fundo de uma não-coincidência dos laços consanguíneos com as uniões guerreiras das tribos, na época das migrações e das grandes guerras que datam das invasões dos bárbaros.

São em princípio também ambivalentes as relações entre irmãos e irmãs, tanto no mito (onde os irmãos ora guerreiam ora se ajudam mutuamente), quanto no conto (onde os irmãos às vezes ajudam um ao outro, mas mais frequentemente competem. Isso compreende inclusive as irmãs, como, por exemplo, a irmã-ajudante e a irmã-comedora-de-gente, a libertação da irmã pelo irmão, do dragão ou do comedor-de-gente). Contudo, no estágio do mito heroico e, principalmente, do conto maravilhoso, em virtude da evolução da ambivalência sincrética à diferenciação, o papel de irmão (ou de irmã) é definido de modo unívoco desde o começo, ou seja, ou é positivo, ou é negativo.

A lei básica consiste no fato de que o matiz positivo ou negativo das ações das personagens não é determinado propriamente por sua atitude em relação ao herói, mas por seu posicionamento ao lado do cosmos ou do caos (isso deve ser notado também nas lendas mais tardias de caráter religioso, onde surge uma oposição clara das doutrinas religiosas, do que é pecaminoso e do que é benfazejo, do Deus e do Diabo etc.). No mito heroico desenvolvido, no conto maravilhoso ou no romance de cavalaria, onde ocorrem paralelamente a personalização e a emancipação cada vez maiores do herói e a formação dos seus traços arquetípicos característicos, esboça-se nitidamente uma tendência para a "centralização" da narrativa no herói, sendo que as personagens se dividem claramente em suas coadjuvantes ou suas antagonistas. No conto maravilhoso a posição neutra é mantida, via de regra, apenas pelo rei-pai-da-noiva e os antagonistas distribuem-se entre personagens demônicas míticas e opressores domésticos, que, bastante frequentemente, também competem entre si. Esses rivais (na maioria das vezes, o irmão mais velho do herói ou, mais raramente, as filhas naturais da madrasta) atuam igualmente no papel de "heróis fingidos", que pretendem realizar o feito e receber a recompensa e que tomam sub-repticiamente o lugar do herói ou da heroína.

Dessa forma, no conto maravilhoso, os próprios opositores do herói se dividem em "os próprios" e "os alheios". Um lugar de evidência é ocupado pela madrasta (historicamente, a mulher do pai, que vem de uma outra tribo, provocando a destruição da endogamia). A existência de opositores-rivais compreendidos entre "os próprios" é um testemunho indireto da emancipação e da personalização do herói. A rivalidade para com algum dos "seus" ("próprios") e a mudança radical do *status* social do herói como coroamento do enredo são os sinais principais do progresso irreversível da personalização. Nesse sentido o conto maravilhoso antecipa-se ao *epos*.

Os antagonistas demônicos do herói no mito e nas formas primitivas do *epos* são os diferentes monstros da mitologia da época, enquanto encarnação do caos: nos épicos clássicos são os que provêm de outra tribo, ou, dentro de sua "própria", são os traidores.

No conto maravilhoso, na maioria das vezes, é utilizado um tipo de mitologia inferior, a dos "donos", de certa forma estilizada e generalizada, como no caso do Dono da Floresta (*Liéchi*), da Bruxa Malvada, Maga Má (*Baba Iagá*) etc.

A "floresta", enquanto oposto da "casa", é, no conto, o âmbito dos horrores ctônicos. Opositores universais ("os que provocam dano", no dizer de V. I. Propp) costumam ser os dragões e as diferentes espécies de ogros comedores-de-gente. O Espectro (*Kochtchéi*) Imortal, a Bruxa Malvada (*Baba Iagá*) e o Dragão-Serpente são as figuras demônicas arquetípicas mais nítidas e mais estáveis. Os coadjuvantes do herói ou podem ser personagens míticas (algo parecido com os espíritos protetores), que testam o herói de antemão, atribuindo-lhe algumas "tarefas difíceis", que permitam a confirmação de sua fidalguia, o conhecimento das regras gerais da conduta heroica, ou então "animais benfazejos" (em princípio os animais totêmicos), ou, finalmente, parentes, vivos ou mortos, que ajudam, inclusive do além-túmulo.

Vale a pena assinalar que, uma vez que o demonismo está ligado geneticamente ao caos, às forças ctônicas, então, na imagem do herói, seu peso específico (do demonismo) é sempre limitado. Uma exceção conhecida é a das personagens do tipo de Macbeth e de alguns heróis pré-românticos ("góticos") e românticos, nas quais a maioria das vezes o demonismo aparece como o lado inverso de sua essência autenticamente heroica e frequentemente tem a marca da "passividade".

Assim, o herói na literatura tradicional encontra-se na situação de opor-se às forças inimigas e de lutar contra elas, sendo que algumas personagens o ajudam e outras lhe criam obstáculos, ou o prejudicam. No estádio mais primitivo, em alguns mitos da criação pode-se não se encontrar ainda nenhuma polarização cósmica visível, nem vestígios dos traços arquetípicos do herói, nem, obrigatoriamente, de luta (apenas, às vezes o herói-provedor cultural tinha que, de alguma maneira, superar a oposição do guardião originário dos objetos cósmicos ou culturais).

A luta do herói com os antagonistas pela obtenção de algo ou pelo afastamento de um dano é levada adiante graças ao concurso de diversas forças – físicas, mágicas, da astúcia etc. –, nem sempre claramente diferençadas. Na luta, um papel significativo é desempenhado pela tática da "provocação" que exige um opositor em ações vantajosas para o herói. É claro que esta tática atinge o virtuosismo nos procedimentos *tricksterianos* da ação.

A imagem do herói, em sua dinâmica, é inseparável daquilo que poderia chamar-se provação ou vicissitude: no gênero picaresco a prova ou provação equivale ao "truque".

O arranjo (a distribuição) das personagens em volta do herói (antagonistas-rivais-coadjuvantes) vai se tornando gradualmente mais complexo e, em grande parte, se torna, inclusive, determinante para as possibilidades do enredo, passando a constituir a sua própria estrutura.

O crescimento do enredo no plano do desenvolvimento temático de algumas imagens nucleares, a começar pelas mais arquetípicas, realiza-se por uma série de mecanismos tais como: 1. a dramatização (em termos do confronto do herói cultural com o guardião ou pela atribuição, por parte do deus/rei, de determinadas tarefas ao herói); 2. a soma dos motivos como "enfiada" de predicados internamente sinônimos (por exemplo: "preparação" mais "obtenção" dos mesmos objetos: o herói finlandês Ilmarinen no *Kalevala* prepara o sampo (moinho mágico), mas Väinämöinen o obtém e o sequestra; ou 2'. a soma de outros papéis-objetos, agentes etc. (por exemplo, a obtenção, por meio de um actante, de muitos objetos, ou, por meio de muitos actantes, de um único objeto, da mesma forma que o embate do herói com muitos antagonistas ou de muitos heróis com um único antagonista); 3. a inversão especular (exemplo: à obtenção da água da barriga de uma rã acrescenta-se o episódio inicial, ou seja, de como a rã bebeu a água toda; a obtenção de uma mulher de outra tribo converte-se na volta da mulher anteriormente raptada, da noiva, da princesa [preparada para o casamento]); ou então o acréscimo de episódios de acordo com o princípio da "ação e reação", por exemplo: a perda (da mulher, de um objeto milagroso etc.) e o reencontro, o crime e a recompensa, o favor e o prêmio, a ameaça da ruína e a salvação, um tabu e seu cancelamento, a astúcia e a contra-astúcia, a tarefa e sua realização, a busca e o achado, o encantamento mágico e o desencantamento, a morte e a ressurreição etc.; 4. o paralelismo negativo, por exemplo, uma imitação malsucedida, uma primeira tentativa insatisfatória; 5. a identificação, ou seja, o episódio suplementar que instaura aquele que realizou a ação fundamental; 6. a "escada", ou seja, a consecução de episódios nos quais ocorre a obtenção dos meios que permitem alcançar o alvo, que deve ser realizado no motivo nuclear, por exemplo, a busca da espada antes do assassínio do dragão; 7. as transformações metonímicas e metafóricas, por exemplo, tais como as descritas nas *Mitologias* de Lévi-Strauss, ou seja, as repetições dos predicados em outro código.

São possíveis, mais adiante, diferentes aspectos da ciclização de motivos, tais como os biográficos, os genealógicos etc. Além desse desenvolvimento sintagmático, é preciso ter em mente que no plano paradigmático esses mesmos episódios de enredo podem ter sentidos diferentes, duplos ou triplos e podem inclusive mudá-los. Por exemplo, a obtenção primeira, por parte do herói cultural, de um objeto qualquer pode adquirir o sentido de uma redistribuição de um objeto que já existia anteriormente, enquanto ato de iniciação, enquanto realização de uma difícil tarefa ritualística pré-matrimonial, enquanto elemento para a luta contra os demônios ctônicos e assim por diante.

Como foi notado acima, o mais antigo tema do mito é o da criação do mundo como um todo ou em suas partes, em seus elementos. Elenco aqui os mais antigos motivos e temas arquetípicos[19].

1. A criação de diferentes objetos pelos deuses, magicamente ou biologicamente (como o nascimento de filhos, mas, frequentemente, por meios insólitos: pela cabeça, pela saliva, por meio da masturbação etc.), ou então por meio da transformação *post mortem* desses deuses em elementos capazes de dar vida (substâncias); em lugar dos próprios deuses podem aparecer figuras ainda mais arcaicas como as dos antepassados totêmicos ou dos espíritos.

2. A obtenção, graças aos heróis culturais (habitualmente os primeiros ancestrais), de diferentes objetos, muitas vezes por meio do roubo (para tanto às vezes é necessária a esperteza ou a magia) do possuidor originário, *i.e.,* o achado de um objeto pronto num outro mundo (trata-se, na maioria das vezes, do fogo e da luz, das leis que regem a luz, das estações do ano, das marés crescentes e minguantes), a criação ou a descoberta de instrumentos de trabalho, de formas de domínio de atividades e hábitos, de prescrições religiosas.

3. Preparação (trabalhos de forja, de olaria etc.), por meio de demiurgos (que podem ser tanto os deuses quanto os heróis culturais), da terra, dos povos, dos astros, dos instrumentos de poder etc.

---

19. Lembramos aqui as acepções dos termos: "tema": do russo тема (*tiema*), motivo (ideia) principal de uma obra ou de uma poética etc.; "motivo": do russo мотив (*motiv*), tema acessório. Outra definição dada pelo autor; "tema": do russo сюжет (*siújet*), *1.* ordem de fatos ou argumentos que constituem a referência de uma obra literária ou outra; *2.* projeto embrional de uma obra; *3.* enredo, trama.

88 ❋ E. M. MELETÍNSKI

4. Aparecimento espontâneo (a partir do céu, da terra, de outros mundos, às vezes por iniciativa dos deuses) de diferentes objetos culturais; um lugar especial é ocupado por sua proveniência do céu. À medida que se forma o panteon celeste, os deuses começam a figurar como enviados à terra com uma missão definida, sendo uma delas a de herói cultural. A maioria dos mitos de criação pode ser imaginada como uma tabela na qual variam os agentes, os objetos de criação, o material ou a fonte, com a indicação do primeiro possuidor possível (potencial antagonista do criador ou do herói cultural).

A criação do cosmos como um todo, segundo um ou outro aspecto (por exemplo, sob o aspecto da árvore universal, do pelicano com traços humanos parecido com o Purucha indiano ou com o Imir escandinavo, e, também, de alguns seres zoomorfos), em mitologias mais desenvolvidas, frequentemente inclui o surgimento do mundo a partir de certo abismo, terra, ou oceano primordial. Ocorre a separação entre céu-pai e terra-mãe, realizada pelo herói cultural ou pelo mais jovem dos deuses, e a elevação da abóbada celeste com a divisão do cosmos em três partes na vertical e em quatro direções na horizontal. Esta cosmogênese é vista como a transformação do caos (o abismo primordial, o oceano, a terra e o céu coesos) em cosmos, como assentamento harmônico do mundo. Paralelamente a este assentamento cósmico (e mesmo antes dele, conforme foi visto acima) ocorre o ordenamento da vida humana, da atividade senhorial e religiosa, a introdução do casamento exogâmico (início da estrutura tribal), do direito comum e das regras de comportamento.

A cosmicização do caos pode se apresentar também como troca da geração dos deuses, como luta entre jovens e velhos deuses, ou com monstros originados pelos velhos deuses (Marduk da Suméria-Acádia contra o monstro Tiamat [personificação de um abismo aquático], a mulher de Abzu; Crono contra o pai Urano e Zeus, filho de Crono, contra o pai e os mais velhos Titãs; na mitologia dos sumérios, Kumarbi substitui Ana no trono celeste e Techub destrona Kumarbi; o jovem Corvo, na mitologia dos tlingit, substitui o velho Corvo que enviara o dilúvio etc.). Como já se observou, a luta contra os monstros – originados pelo caos – pode continuar mesmo depois, no mito heroico. Dessa forma, a luta entra na constituição dos mitos de criação.

Já foi visto igualmente que nos mitos escatológicos e calendáricos o tema da criação varia, com seu sentido desnaturado ou invertido, conforme o caso (a não-proveniência da terra do oceano primordial, mas, sim, de um dilúvio universal; a vitória, mesmo que temporária, dos monstros e não dos heróis etc.). É preciso reconhecer que os motivos calendáricos, escatológicos e cosmogônicos não receberam posteriormente a atenção séria e o desenvolvimento que exigiam, e isso apesar da opinião de muitos psicanalistas.

Esses motivos têm ficado por demais ligados aos rituais, ou têm apresentado uma tendência de transmigração para uma espécie de "saber" da esfera teológica. O destino dos arquétipos está intimamente ligado ao alargamento da função do herói, com a gradativa estereotipização do enredo e a mudança de ênfase do modelo de mundo para a ação do entrecho, ao que corresponde exemplarmente o movimento do mito ao conto maravilhoso.

Entre os diferentes motivos que constituem o tema mítico da criação, os mais populares e os que permitem uma melhor visão em perspectiva são a obtenção-sequestro de um bem cultural (particularmente do fogo e da luz) de seus possuidores originários e a luta com as forças ctônicas, que pode levar a um ou outro resultado. Isso se explica pelo fato de que, para o desenvolvimento do enredo, é preciso a ação recíproca de pelo menos duas personagens. A temática da criação está ligada a uma dinâmica no tempo. No interior dessa dinâmica ou fora dela destaca-se o motivo do movimento no espaço e o entrecruzamento de diferentes zonas e mundos (onde as personagens entram em contato com seres mitológicos, obtêm sua ajuda ou lutam com eles, procuram alcançar valores etc.), que serve como o meio mais simples de descrição de um modelo de mundo. Este é o germe do esquema arquetípico das viagens. O herói pode cair no domínio subaquático ou subterrestre, no reino dos mortos, no reino totêmico de sua noiva animal, no céu como enviado do deus do sol e, após inúmeras vicissitudes mágicas, voltar à terra. O tempo de sua ausência pode ser muito extenso.

A visita que o herói faz a um outro mundo (no conto maravilhoso trata-se de um mundo mágico) acompanha muitos motivos arquetípicos, mas ocupa uma posição periférica, condicionada à interação básica das personagens. Finalmente, como já foi dito, a temática da criação, enquanto cosmicização do caos, atinge o herói que é a personificação do *socium* e somente gradativamente, seriamente "personificável".

Passemos agora à descrição prática de alguns motivos que podem ser certamente denominados arquetípicos. Chamamos motivos a alguns microenredos[20] que contêm um predicado (ação), o agente, o paciente e que veiculam um sentido mais ou menos independente e bastante profundo. Todos os deslocamentos e as transformações das personagens, seus encontros, e tanto menos seus atributos e suas características isolados, não são por nós considerados motivos. Isso diferentemente de Thompson, que em seu famoso *Motif-Index of Folk Literature* compreende o motivo numa amplitude bem maior, sem sequer exigir dele obrigatoriamente a presença de uma ação qualquer.

Alguns motivos, em virtude do princípio acima exposto da "ação-reação" (contra-ação), na maioria das vezes (particu-

---

20. Do original russo микросюжет (*mikrosiújet*).

OS ARQUÉTIPOS LITERÁRIOS ❋ 91

larmente no conto maravilhoso, com sua realização de enredo obrigatória), apresentam a tendência a surgir aos pares, sob o aspecto de dois movimentos diferentes. Além disso, dentro da totalidade de um enredo, existem habitualmente constelações de motivos com seus cruzamentos e reuniões. Deixaremos aqui de nos referir a motivos puramente morfológicos (etiológicos, cosmogônicos, antropogônicos, escatológicos etc.), se eles não se desenvolverem, num estágio posterior, além da fronteira dos sistemas mitológicos, pois nosso objetivo não é a descrição mitológica enquanto tal, mas a resenha daqueles "tijolos" de enredo que constituíram o arsenal básico da narrativa tradicional.

Infelizmente, as tentativas de imaginar os motivos arquetípicos como um sistema rigoroso, de preferência hierárquico, acabaram não tendo êxito. Por isso a ordem dos motivos de que vamos tratar será até certo ponto arbitrária. Deve ser notado também que o acento será colocado na paradigmática dos motivos, na formação do sentido dos enredos e não nos desenvolvimentos sintagmáticos e composicionais, como ocorre com V. I. Propp, em *Morfologia do Conto Maravilhoso*, e com a maioria dos semioticistas franceses, que se dedicam à elaboração de uma gramática narrativa (A. J. Greimas, C. Brémond, T. Todorov etc.).

Os motivos da contraposição ativa entre o herói e certos representantes do mundo demônico constituem o grupo arquetípico mais importante, específico – conforme é sabido –, do mito, do conto maravilhoso, do *epos* e do romance de cavalaria.

Nos pequenos episódios mitológicos que surgiram bem cedo à margem das narrativas mitológicas e que, como elas, permanecem vivos até hoje, os casos de contato de pessoas concretas com diferentes espíritos eram descritos não apenas como *fabulata*, mas também como *memorata*. O resultado desses contatos poderia ser tanto destrutivo quanto construtivo para o indivíduo. Esses pequenos episódios são bastante variados e, enquanto gênero, não atingiram um estereótipo determinado devido à variedade de espíritos provindos de diferentes zonas etnográficas. Entretanto eles influenciaram consideravelmente o conto maravilhoso e mesmo a novela (na China, por exemplo). Nos contos, este traço nota-se na descrição tanto da provação preparatória do herói (obtenção do coadjuvante mágico), quanto na provação fundamental (luta com personagens demônicas).

Deixaremos de lado, por enquanto, os contatos gratificantes entre heróis e espíritos e focalizaremos, ao contrário, o embate entre eles. No plano genético, para esse embate confluem tanto a luta cósmica contra os monstros ctônicos – as forças do caos (a cosmicização do caos e a defesa do cosmos), quanto a luta épica contra os hereges-estrangeiros, a iniciação ritual do herói (como sua própria "sagração" enquanto herói) e, simplesmente, a demonstração de suas forças excepcionais, em particular, a possível troca de gerações depois do duelo com o antigo governante, ou a troca das estações do ano, do tempo cotidiano etc. Todos esses sentidos se unem, confluem ou, ao contrário, diferenciam-se. O sentido que permanece comum é a existência de uma individualidade que luta e defende seu próprio *socium* humano, que pode ser a tribo, o clã, a família, a religião etc., e sua prosperidade, resultante da vitória da primavera sobre o inverno, da colheita sobre a seca, da luz do dia e de um lado do mundo sobre a noite escura, da vida sobre a morte, do indivíduo sobre o indivíduo, do cosmos sobre o caos, da religião superior sobre o paganismo, dos defensores do país sobre seus pilhadores, dos "próprios" sobre os "alheios". Mas este sentido não inclui a luta da consciência individual contra a inconsciência coletiva, ou contra sua própria "sombra", no sentido junguiano. Aquilo que os junguianos têm em mente encontra-se bem mais tarde, na literatura, nas feiticeiras de Macbeth, nos sósias românticos, na conversa de Ivan Karamázov com o diabo etc.

Em todo esse entrançamento de sentidos tem-se, na prática, a possibilidade de realçar a bifurcação segundo dois rumos, aos quais como que correspondem dois motivos: a luta contra os inimigos e os monstros (cuja expressão clássica é a da luta com o dragão), enquanto defesa e salvação dos "seus" por parte do herói, para os quais são conseguidas benesses (valores) e, pelo lado oposto, a queda passiva do próprio herói em poder do dêmon e seu resgate. Existe, a esse respeito, uma série de variantes intermediárias. Na maioria dos mitos heroicos arcaicos, a princípio o herói precisa "livrar-se" de uma série de monstros ou armadilhas insidiosas com as quais ele é tentado (iniciação!) ou com os quais se tenta "extenuá-lo", e depois (por sua própria iniciativa, muitas vezes apesar dos conselhos recebidos, ou pela destruição de tabus), passa à aniquilação dos monstros que ameaçam o cosmos e que perturbam a existência pacífica das pessoas.

Nos contos, após a provação preliminar e a obtenção da ajuda mágica, o herói ou:

1. voluntariamente ou involuntariamente cai em poder de um dêmon da floresta ou de outra espécie (de um gigante, de um silvano, da Baba Iagá etc., geralmente comedores-de-gente), mas graças à sua ousadia e astúcia salva a si próprio, às irmãs ou aos irmãos, às vezes matando o dêmon, mas mais frequentemente, fugindo dele (AT, 303, 304, 311, 312, 312D, 327, 327A, 327C etc.); o fato de ser quase sempre um grupo de crianças (em geral, meninos) quem cai presa do comedor-de-gente em seu abismo florestal não deixa de remeter obliquamente, aqui, ao reflexo incondicionado do ritual da iniciação; ou então:

2. dirige-se para a luta contra o dragão, que exige sacrifício humano ou que já se apropriou da bela princesa ou da irmã (mãe) do herói e, no embate, corajosamente mata o dragão (AT, 300, 300B, 301 etc.). A esse respeito, existem variantes atípicas: o

jovem trabalha para o ogro comedor-de-gente e salva sua vítima enfeitiçada (*AT*, 314); o jovem, aprendiz-de-feiticeiro, foge do mestre (*AT*, 325), a irmã do herói pode ser a comedora-de--gente (*AT*, 315 B) etc. (nas narrativas semilendárias a feiticeira ou a mulher do ogro substituem o diabo).

Aqui aparecem alguns motivos arquetípicos.

"Cativeiro em poder do ser demônico." Destaquemos, por convenção, o dragão, a bruxa e o gigante-comedor-de-gente como os mais típicos representantes do mundo "demônico", particularmente nos contos maravilhosos. Nos mitos, conforme já foi dito, tem-se um repertório extremamente variado de monstros, demônios, espíritos maus etc. A presa principal do dragão são as jovens que ele exige como vítimas, ou ele mesmo rapta para tornar suas prisioneiras, amantes, ou simplesmente para comê--las. O gigante canibal habitualmente mantém em seu poder, como prisioneiras ou mesmo como escravas, diferentes pessoas, em geral, porém, trata-se de homens. O canibalismo deve-o diretamente à sua natureza, que não exclui finalidades sexuais em relação às mulheres. As vítimas da bruxa são em geral as crianças (mais raramente, as moças) e sua finalidade é comê-las. Gigantes e bruxas não costumam raptar o herói, mas ele acaba caindo em poder deles de outra maneira.

O cativeiro em poder do ser demônico ocorre tanto quando o ser demônico rapta a vítima (cf. *AT*, 300B, 301, 302, 311, 312, 315A, 327A, 333; cf. igualmente *Mot.*, G 420, 421, 422, 426, 440, 441, 442, 477, 478), como quando o dêmon a atrai (por exemplo, apresenta-se como a presa fugindo de um caçador que a cobiça, imita a voz dos pais da vítima, atrai a filha dela; cf. *Mot.*, G 403, 412, 414, 455), ou então (cf. 403, 423) a própria vítima vai atrás de um bichinho, de um passarinho, de uma bola, de um foguinho, ou, finalmente, as crianças se perdem na floresta (*AT* 327 e outros).

Atrás disso, porém, frequentemente, há um causador patente ou secreto: as crianças são deixadas na floresta pelos pais (cf. *Mot.*, G 401), são abandonadas ou rechaçadas pelos maus pais (S322); em particular, a enteada pode ser simplesmente enviada pela madrasta para a floresta, para a casa da bruxa. Finalmente, os pais prometem, em troca de um novo favor, dar seu próprio filho (muitas vezes sem saber ainda de seu futuro nascimento) ao ogro ou gigante comedor-de-gente, ao diabo, à *russalka*[21], ao feiticeiro "como aprendiz" etc. para se livrarem da miséria (cf. AT, 313, 314, 315, 316, *Mot.*, G 461). Um caso menos típico, encontra-se, por isso, em contos de outro grupo temático: o herói entrega-se pessoalmente ao diabo para pagar uma dívida (AT 313), ou para aprender um ofício (AT 333). É claro que o herói pode igualmente entrar em contato com os dêmons, realizando uma tarefa difícil ou simplesmente por estar à procura de aventuras, sendo que, nesse caso, ele não acaba necessariamente em poder deles.

Conclui-se que o herói pode sucumbir ao poder de um dêmon, por iniciativa deste ou de outrem, como, por exemplo, dos maus genitores, mas que isso pode igualmente ocorrer por sua vontade própria ou casualmente. Entretanto, mesmo quando se trata de casualidade, percebe-se facilmente uma mistura subliminar entre a vontade do dêmon e a dos maus genitores. É por isso que este motivo cruza-se facilmente com outros, o da "experimentação" ("provação") e o da realização da "difícil tarefa".

No conto maravilhoso mais comum, as bruxas da floresta são transformadas simplesmente em velhinhas ruins e os outros dêmones silvestres em salteadores cruéis que atraem as vítimas para seus antros secretos, no interior da floresta (cf. AT 952-958). Numa variante de AT 958, em que as crianças caem em poder dos

---

21. Divindade aquática russa, em geral, com o aspecto de uma bela jovem.

salteadores após terem sido expulsas pela madrasta, nota-se um traço bem nítido do motivo popular do conto de magia.

Porém, no romance de cavalaria, o motivo da queda do herói em mãos de senhores demônicos dos mais variados castelos é bastante encontrado, iluminado pelas fantasias mais insólitas. Na literatura romântica do começo do século xix é igualmente explorado o mesmo tema, sendo que o cativeiro conduz frequentemente à descoberta de forças demônicas no interior do próprio herói, fato este que, naturalmente, só ocorre na época arcaica, caso se trate de forças que o tenham porventura enfeitiçado. É isso, por exemplo, que se dá na novela do romântico alemão Tik, "Runeberg", onde o lugar demônico são as montanhas (para o que, aliás, existe inclusive um paralelo mitológico pagão), governadas aparentemente por uma maravilhosa dama (o disfarce temporário da bruxa em moça bonita é conhecido também no folclore), mas o que é importante aqui é a irresistível atração demônica que atua sobre o herói que vive num vale tranquilo, e o leva a pensar nas riquezas e nas pedras preciosas das montanhas que, no fim, surgem como fonte de destruição e caos (cf. igualmente a novela do mesmo autor *O Fiel Eckart e Tanhauser*). Em *Eckbert, o Louro*, sempre de Tik, este representa o mesmo estereótipo pagão de outra maneira: a vida de Berta na floresta, na casa de uma velha esquisita, seu cachorro e um pássaro encantado, lembra a estada da enteada na casa da Baba Iagá, só que no romance tudo é invertido: a floresta é acolhedora e a velhinha demonstra ser uma boa fada. Segundo esta interpretação, parece estranho o desejo da heroína de sair de lá e voltar ao mundo normal, para encontrar o cavaleiro que é objeto de seus sonhos. A volta da heroína para casa, ao contrário da situação análoga no conto, não termina em idílio, mas em desgraça. É assim que se transforma o motivo arcaico que acabamos de ver.

O fato de cair em poder de um ser demônico pode, em princípio, levar à destruição da vítima, e variantes dessa natureza encontram-se no folclore universal. Mas quando aplicada ao herói (especialmente no conto maravilhoso), esta situação de perigo recebe um desenlace positivo, quando aparece acoplada no motivo duplo: *"resgate de alguém que se encontra em poder de um ser demônico".*

Caso seja o herói a encontrar-se em poder de um ser demônico, então seu resgate, via de regra, se realiza não por meio de um duelo de heróis épicos, mas pela ajuda de certa astúcia, destreza, magia. Se a salvação do herói vier acompanhada pela morte do dêmon, então a ênfase é dada à vitória do pequeno sobre o grande (gigante): às vezes essa vitória dá-se a partir de dentro, do ventre do gigante, do qual surge o herói, ou então decorre do fato de o gigante ter engolido, por burrice, pedras incandescentes; de a bruxa ter-se deitado na estufa para mostrar às crianças como fazê-lo etc. Por sua astúcia, o herói provoca o suicídio do gigante (por exemplo, convencendo-o a beber toda a água de um lago), mata a mulher do gigante ou as filhas da bruxa, substituindo seus irmãos por elas etc. Esse tipo de vitória do herói esperto (*O Menino e o Pauzinho*, por exemplo) sobre o estúpido comedor-de-gente (gigante), por meio de um truque engenhoso, lembra os temas dos contos anedóticos e daqueles sobre o diabo tolo, onde, é claro, ninguém cai em poder do dêmon, mas existe o trapaceiro que triunfa sobre o simplório. Muitas vezes não morrem nem o gigante nem sua família, e o herói junto com seus irmãos fogem da cabeça deles com a ajuda de objetos mágicos que lhe são jogados e que, transformando-se em obstáculos, permitem que ele escape satisfatoriamente da perseguição (cf. *Mot.*, G 500-599, AT, 311-314, 590).

No motivo que acabamos de ver, a astúcia e a magia ganham do uso da força, a fuga encontra-se mais frequentemente do que o assassínio e o herói salva a si próprio e a seus irmãos ou irmãs. Quando, porém, não se trata de salvar a si próprio mas a outra pessoa (a vítima em geral é uma mulher lindíssima), então é a força que predomina sobre a astúcia ou a magia e ocorre o assassínio de alguém num duelo de heróis ou *bogatyr's*. Esta situação ocorre no motivo arquetípico da "luta com o dragão", o qual é como que complementar do motivo do "resgate do poder de um ser demônico" (*AT*, 300-302, 312 d, 314; *Mot.*, B 11-16).

A expressão "luta com o dragão" é entendida aqui de modo convencional. O dragão ou a serpente mítica reúnem em si os traços exteriores de muitos animais (terrestres, anfíbios, aquáticos e "celestes"), relacionados com a água (com o símbolo do caos e com o elemento indispensável da irrigação cultural) e com o fogo, com a fertilidade, com o ritual da iniciação, com a renovação calendárica, com os mitos escatológicos, com a guarda de tesouros. Trata-se de um representante típico da categoria dos monstros ctônicos e dos dêmones com os quais combatem os heróis nos mitos, nos contos maravilhosos e no *epos*. Mas quantos monstros diferentes há, vencidos pelos heróis gregos, gerados pelo pérfido Loki das lendas escandinavas ou lutando nas diferentes tradições com os heróis épicos!

O resgate da vítima do dragão (por exemplo, Andrômeda, que havia sido entregue ao dragão como vítima expiatória e havia sido salva por Perseu) possui raízes remotas nas oferendas sacrificiais rituais ao dragão como guardião da água, mas é particularmente característico dos contos de magia.

O retorno depois do combate com o monstro que raptara a jovem possui inúmeros paralelos, além das fronteiras dos contos de magia, nas narrativas semimíticas mais diversas e no *epos* heroico, paralelos estes que se apoiam numa base comum, sem dúvida real. Sendo assim, muito frequentemente a jovem raptada já era a esposa do herói, que parte em busca de seu raptor. Na figura da mulher raptada podem-se ver, às vezes, resquícios da imagem da deusa agrária que aparece e desaparece (veja-se o que foi dito acima quanto aos mitos calendáricos). Entre os exemplos pode ser dado o da deusa Freia, nos *Edda*, o do rapto da linda Helena na mitologia grega, o do rapto de Sita no *Ramaiana*, por parte do chefe dos guardiães Rakchas. O rapto e o retorno da esposa são descritos no *Heseríades* e em muitas das epopeias turco-mongólicas. No conto maravilhoso é mais raro encontrar o rapto da esposa. É mais frequente o da moça com a qual o herói virá a casar-se depois do duelo com o monstro raptor. Foi justamente esta variante que passou a ter um arquétipo estável.

O dragão (ou outro monstro) pode atuar não apenas como raptor, mas como devastador do país (cf. Graendel em *Beowulf* e os monstros nos mitos heroicos de diferentes povos).

A vitória sobre o dragão pode levar à posse de tesouros ou bens (cf. Sigurd-Sigfrid no *epos* escandinavo e alemão). Como já foi observado, os traços do dragão ou de outro monstro são conservados por muito tempo no *epos* como atributos do inimigo e igualmente como símbolo do pagão (cf. Tugarin Srniéievitch [filho de dragão]), na bilina e na lenda (Gueórgui Pobiedonóssiets [Jorge, o Triunfador]).

No conto maravilhoso, ao herói, após ter morto o dragão, às vezes cabe ainda ter que provar ter sido ele mesmo quem realizou o feito (prova-o mostrando as línguas decepadas do dragão) mas, neste caso, já está-se entrando no domínio de outro motivo que é o da "*identificação*". Além disso, no conto, a luta com o dragão, a obtenção de seus tesouros ou a salvação da donzela (princesa) que estava em seu poder podem ser vistos como um aspecto da "*difícil tarefa*", ou seja, de um novo motivo arquetípico bastante importante, ao qual teremos ocasião de voltar mais tarde.

Se a vitória sobre o dragão traz consigo a obtenção da mão da princesa raptada, estamos diante do motivo do "*casamento com a princesa*", bastante difuso tanto no conto de magia como no de costumes, no romance de cavalaria etc. Do ponto de vista genético, entretanto, este motivo é precedido por outro, o do "*cônjuge animal (totêmico)*".

Detenhamo-nos um pouco nesses motivos "conjugais" para lembrar que, historicamente, os casamentos apresentam-se quase sempre como heranças de rituais de iniciação. O casamento com uma mulher totêmica, embora remotamente, correlaciona-se de duas maneiras com a história da queda em poder de um ser demônico; em primeiro lugar, pelo fato de o "reino totêmico" de onde proveio a mulher e onde herói habitualmente a procura, às vezes (especialmente no conto de magia), adquirir traços demônicos e, em segundo lugar, pelo fato de a estada do herói junto ao dêmon florestal ser comparável ao ritual da iniciação, enquanto a estada do herói junto ao rei totêmico faz parte dos hábitos dos esponsais. O motivo do casamento com um ser mágico, na maioria das vezes sob um aspecto animal, é extremamente difundido no folclore universal, tanto em suas variantes arcaicas, quanto no conto de magia.

Nos contos arcaicos mitológicos existe um maior número de variantes do tema do casamento ou do enlace amoroso com os animais mais diversos, tanto do sexo feminino como do masculino, sendo que o parceiro animal pode aparecer por conta própria ou ser trazido de seu reino, ou pode raptar o parceiro. Da ação pode tomar parte o cônjuge ciumento da amante do homem-animal ou a esposa ciumenta do herói (ou outra mulher, humana). Por vezes a atenção é dada ao destino dos descendentes desse tipo de enlace ou casamento. Um motivo muito importante é a sorte na caça, como resultado do casamento com um animal. Nesse sentido são curiosos os contos mitológicos paleoasiáticos que tratam desse tema, em particular os que tratam dos casamentos dos filhos do Corvo com seres diferentes: animais, plantas, espíritos tutelares. O primeiro enlace redunda ser nocivo ou inútil (incluindo a união incestuosa entre irmãos ou irmãs), enquanto que os outros demonstram-se úteis (a baleia, o peixe, a erva, o caracol, a dona do tempo).

A partir dessa variedade, é possível, aos poucos, ver desenhar-se o seguinte esquema: uma moça acerca-se do herói; ela se desfez de seu invólucro animal e começa a desempenhar as funções de esposa, muitas vezes proporcionando ao herói ajuda e sorte. O herói desrespeita algumas condições (não chamá-la por seu nome, não queimar a pele dela, não vê-la durante o dia), além das quais se encontram, praticamente, os tabus matrimoniais; ou então os parentes dele ofendem a esposa totêmica. Na maioria das vezes ocorre a seguinte continuação (em motivos aos pares): a mulher abandona o marido e volta à sua terra e o herói parte à procura dela; para tanto ele deve superar algumas dificuldades e, em particular, reconhecer sua mulher entre outros seres totêmicos do sexo feminino (reconhecer a mulher no meio de outras moças que vestem a mesma roupa – um dos mais costumeiros hábitos matrimoniais) e depois voltar com ela para sua casa, no país dele.

Este esquema está na base dos contos de magia europeus correspondentes, sobre as moças-cisnes, as moças-rãs etc. (cf. a variante masculina, um pouco diferente, do tipo "Amor e Psiquê"; AT 400-459), ou a novela chinesa medieval sobre as belas transformadas em raposas, que vêm consolar o pobre e jovem estudante e o ajudam (inclusive a passar nos exames) e depois o abandonam a seu destino, ofendidas pela quebra de uma cláusula. Futuramente, em lugar da raposa, nesse tipo de novelas, aparecerá a figura socialmente marginalizada da Hetera.

À medida que desaparece a instituição totêmica da mulher "animal", ela passa a "milagreira" (milagrosa). (Nos pequenos "causos" mitológicos chineses, a raposa já conseguiu, de totem tribal, tornar-se alguém "não puro", para depois novamente voltar à tribo sob o aspecto da esposa milagreira.) Contudo, o casamento com essa mulher milagreira apareceu originariamente como uma representação mágico-mitológica do casamento normal, representação esta que vem a ser justamente o casamento exogâmico, além das fronteiras de sua própria tribo. Isso, aliás, é uma confirmação indireta também do exemplo paleoasiático, no qual o casamento incestuoso, "incorreto", do irmão com a irmã tomou o lugar do "correto", com um representante de outro totem e de outra tribo; este "outro" aparecia parcialmente na forma zoomórfica, enquanto que o "próprio" comparecia sob o aspecto marcadamente antropomórfico. Compreende-se, a partir disso, que se trata do reflexo dos hábitos normais dos casamentos.

É difícil, embora indispensável, compreender que a esposa totêmica é menos "distante" do que a madrasta, com quem o pai do herói se casa, destruindo a endogamia. O casamento normal exclui tanto a destruição da endogamia quanto a da exogamia.

No nível do conto de magia a mulher totêmica torna-se sobrenatural, e este caráter explica-se, na maioria das vezes, por um sortilégio. A retirada do invólucro animal é substituída agora pela retirada do encantamento e, em vista disso, configura-se o motivo do *"encantamento/desencantamento"*. São assim conservadas as proibições a serem infringidas pelo herói e as buscas da esposa que o abandonou, seguidas pela reunião de ambos. O reino totêmico às vezes abarca a totalidade do reino animal. Em alguns contos, entretanto, tal como no protótipo arcaico, o segundo movimento do enredo pode faltar.

Voltando à princesa enfeitiçada, a mulher milagrosa (milagreira) assemelha-se a todas as outras princesas dos contos maravilhosos. Entretanto, no caso dos contos em que ela aparece, a ordem composicional é contraditória, uma vez que o casamento precede as provações; em outros enredos, ao contrário, a provação precede o enlace com a princesa.

Nos contos maravilhosos arcaicos são habitualmente sublinhadas certas particularidades da mulher totêmica que asseguram o sucesso ao herói, mas quando surge a princesa, o sucesso do herói consiste no próprio casamento com a princesa, prenúncio da obtenção de metade do reino.

O encontro com a mulher milagrosa ocorre frequentemente durante as voluntárias ou indispensáveis peregrinações do herói e, neste caso, se aproxima do motivo da queda em poder de um ser demônico: às vezes chega a ser utilizado o motivo da promessa involuntária, feita pelo pai ao gigante ou ao monstro, quanto à entrega do filho, que ainda não nasceu. Os contos sobre o marido milagroso que foi enfeitiçado e assumiu o aspecto de um monstro são análogos a estes.

Nos contos de cunho novelístico, em que falta o elemento milagroso, o cônjuge, que nos contos maravilhosos era "animal", se transforma na heroína ativa, vestida não com a pele do animal, mas com roupas masculinas, e nesses trajes faz carreira e ajuda a seu marido. Este motivo conjuga-se frequentemente a outro, o da verificação da virtude da mulher que foi vítima das calúnias de invejosos (cf. AT 881-884 etc.). No conto de costumes, o que era a prova da veracidade do marido se torna a prova típica da mulher, e sua atividade negativa é expressa por meio da obstinação ou do adultério, havendo sobre isso um grande número de narrativas. A atividade positiva da mulher realiza-se em termos de obediência às ordens do marido.

O motivo habitual do casamento com a princesa é específico dos contos de magia e de costumes, constituindo praticamente toda a sua parte significativa. Isso se explica pelo fato de que o casamento com a princesa acarreta uma mudança radical no *status* social do herói e se torna o objetivo principal do conto (convém levar em conta também o momento da realização do desejo no plano sexual).

No romance de cavalaria conta-se igualmente, às vezes, do casamento do herói com a senhora de um rico feudo, mas o lugar ocupado por relatos desse tipo é menor. A princesa dos contos geralmente é um ser passivo, principalmente nos verdadeiramente de magia, à diferença das figuras arcaicas míticas das "deusas" da fertilidade e da beleza. Porém aqui não deve ser excluído de todo qualquer laço genético: por exemplo, na tradição celta antiga – que alimenta o romance de cavalaria –, as "senhoras" dos castelos e dos feudos tinham uma auréola mitológica bem marcada.

O casamento com a princesa está correlacionado, no conto, com uma série de detalhes facilmente reconhecíveis das provações convencionais do ritual do casamento. Ao expressar a culminação da ação do conto maravilhoso, o casamento com a princesa pode ser o resultado da manifestação de uma série completa de diferentes motivos, em particular daquele das "difíceis tarefas" (atribuídas pelo rei aos pretendentes à mão de sua filha), ou da "luta com o dragão" (o herói casa-se com a filha do rei que o salvou), ou da "mulher milagrosa" (o herói casa-se com a princesa enfeitiçada) e, finalmente, o motivo do *herói* que *não prometia grande coisa*" (o filho caçula).

Na variante masculina, ou seja, a do casamento da heroína com o príncipe, análoga basicamente à feminina, trata-se do destino da filha mais jovem ou da enteada. A filha do rei, cujo casamento ainda leva ao recebimento de "metade do reino", representa, no conto, o valor máximo alcançado pelo herói após a realização do feito que às vezes figura formalmente·como "provação para o casamento".

Outro valor do conto são os objetos mágicos, obtíveis, perdíveis e novamente encontráveis pelo herói e que, na maioria das

OS ARQUÉTIPOS LITERÁRIOS 105

vezes, ajudam-no a casar com a princesa. No conto, onde as forças mágicas determinam o sucesso do herói, os objetos mágicos, que proporcionam riqueza, realização de desejos ou, ao menos, oferecem coadjuvantes mágicos ("dois saindo de um saco" etc.), são símbolos condensados da "magia" do conto maravilhoso (cf. AT 560-595; *Mot.* D 800-1699). No *epos* este motivo é bastante raro (cf. Sampo no *Kalevala*). É claro que os objetos milagrosos podem ser percebidos como a representação de objetos sagrados de caráter mágico-religioso. Só que a própria ação – obtenção, perda e devolução – possui também outras raízes remotas, em particular, os motivos várias vezes mencionados da obtenção de objetos cósmicos e culturais por parte do herói mítico. No mito tratava-se da posse primeira desses objetos, de sua origem, enquanto que aqui – juntamente com a recusa do "cosmismo" –, trata-se da redistribuição, um modo especial de pôr em circulação no mundo esses objetos e de possuí-los individualmente.

O movimento procedeu da "criação cósmica" à psicologia individual da realização dos desejos, realização esta que tinha sido prometida literalmente pelo objeto milagroso.

O que foi mostrado como sendo correto na gênese é confirmado por uma série de motivos intermédios: no *epos* escandinavo Odin e Thor, que aparecem no papel de heróis culturais e Loki, no papel de *trickster*, obtêm, perdem e readquirem os objetos milagrosos, a saber: a lança que nunca falha; o barco; um vento favorável que sempre os acompanha; as maças da juventude e o colar da deusa. Eles são providenciados pelos anões, os deuses os escolhem na casa dos anões, os gigantes os raptam na casa dos deuses, os deuses os retomam na casa dos gigantes, isto é, a instância inicial é submetida a um movimento circular. A mesma coisa ocorre no *epos* dos nartos, onde a obtenção do fogo e de outros valores é tratada como devolução de algo anteriormente roubado pelos gigantes.

Nos contos maravilhosos a obtenção de objetos milagrosos realiza-se costumeiramente pela ajuda de coadjuvantes também milagrosos, enquanto que a perda ocorre devido à mulher infiel, a irmãos mais velhos invejosos, a um feiticeiro mau ou a uma inadvertência do herói. A devolução ocorre igualmente pela ajuda de pessoas ou outros elementos milagrosos.

Conforme é sabido, o ajudante milagroso do herói pode ser encontrado nos mitos heroicos, mas é no conto maravilhoso que ele figura como elemento obrigatório da estrutura narrativa, pois, praticamente, qualquer "feito" do herói do conto só se realiza por seu concurso imprescindível. O motivo genérico é o da "*obtenção de um ajudante milagroso*" (cf. *Mot.* N 800-899). Este é conseguido por vias de parentesco (os genitores finados, os genitores adotivos, os irmãos, incluindo-se os irmãos-animais, que nasceram de algum jeito milagroso, e os cunhados-animais casados com as irmãs do herói): ou, de forma quase idêntica, por meio de espíritos do clã e também como recompensa por algum favor prestado. Neste último caso destacam-se uma série de "animais benfazejos" a quem (ou a cujos filhos) o herói salvou da morte, alimentou etc. ou também um morto agradecido que foi velado pelo herói, ou uma vítima enfeitiçada e presa por um comedor-de-gente a quem o herói libertou. Um caso especial são os velhinhos ou velhinhas milagrosos que o herói encontra pelo caminho e cujos pedidos ele satisfaz e com os quais se porta de maneira cortês. Esta categoria de ajudantes está possivelmente ligada geneticamente aos espíritos do clã e aos rituais de iniciação refletidos nas pré-provações dos contos maravilhosos.

O herói realiza seus feitos fora de casa, na estrada-caminho, sendo que os elementos com que ele vai cruzando isoladamente estão marcados mitologicamente (a floresta como lugar de seres demônicos, o rio como fronteira de diferentes domínios, o mundo superior e inferior etc.). Os ancestrais que deram origem às estirpes australianas vagaram do noroeste até o sudeste, criando totens, fundando rituais e às vezes perseguindo a caça. Nos mitos heroicos, nos contos maravilhosos e nos romances de cavalaria, as peregrinações dos heróis podem ser ora voluntárias (cf. *Mot.* H 1220), ora motivadas pela sede de aventuras, pela busca de um antagonista digno, pelo desejo de vingar o pai, de alcançar algum lugar selvagem, de perseguir algum "ladrão" mágico, pela caça do raptor da princesa ou de alguém que ofendeu uma dama ilustre, pelo acompanhamento do voo de uma seta ou do movimento de um objeto que rola misteriosamente (um novelo, por exemplo), pela vontade de obter um objeto milagroso etc. (O tema das peregrinações em busca de aventuras é bastante explorado também pela literatura mais tardia.) Mas tanto esses como outros objetivos, da mesma forma que a prova de valentia, de força ou de sabedoria do herói, são motivados pelo fato de que alguém atribuiu ao herói "difíceis tarefas" (cf. *Mot.* N 900-999), cuja gênese histórico-etnográfica, conforme é sabido, amiúde remonta à iniciação, aos jogos dos esponsais, às provações inaugurais e aos cerimoniais.

Mais frequentemente, as difíceis tarefas são atribuídas pelo rei ao postulante à mão de sua filha, pelo pai da esposa milagrosa do herói, por seu próprio pai ou tio por linha materna, por seres demônicos, pela madrasta malvada, por rivais invejosos, às vezes com medo de morrer. Predominam as tarefas extremamente perigosas, quase inexequíveis, muitas vezes absurdas e paradoxais, que não apenas colocam o herói num beco sem saída, mas podem significar a sua ruína, exigindo dele força, ousadia e uma dose excepcional de criatividade (até mesmo a adivinhação de enigmas bizarros). Se no conto de magia as tarefas difíceis eram realizadas com a ajuda de um coadjuvante milagroso, nos contos maravilhosos de costumes elas o são graças à esperteza do herói ou à sua boa estrela.

Porquanto as tarefas difíceis possam ser também um meio de "provação" do herói, esses dois motivos são, de hábito, extremamente coesos. Assim, por exemplo, o velho Corvo do mito tlingit atribui ao jovem Corvo as tarefas difíceis que têm um caráter como que de iniciação, mas com a finalidade de matá-lo. É por isso que ele mais tarde suscita o dilúvio. O mesmo acontece com o mito dos bororos, descrito por Lévi-Strauss no primeiro tomo de *Mitologias*, e com alguns mitos da Micronésia. Neles, o motivo da provação do herói está relacionado com o motivo reiterado da troca de poder e de geração e das relações ambivalentes com o pai e o tio (cf. *Mot.* S 10, S 71). Tentativas infelizes de provação do herói podem não depender das tarefas difíceis. Por exemplo, no mito de Édipo, o rei, a quem foi predito que seu filho seria seu matador, ordena ao servo que mutile e se livre do recém-nascido, coisa que o servo entretanto não faz. Episódios análogos encontram-se em muitos outros mitos e contos maravilhosos. Neste tipo de enredo nós sabemos que se explicita, muitas vezes, o motivo do incesto: o jovem Corvo surge ligado à mulher do tio; o herói dos mitos bororos e da Melanésia passa a estar ligado à mulher do pai ou à sua própria mãe: é assim que acontece com Édipo, para quem o casamento com a própria mãe é a condição de ascender ao trono vago (na verdade ele não sabe que ela é sua mãe). Por um lado, o incesto sinaliza o amadurecimento do herói-herdeiro, por outro, que ele deve ser punido pela introdução do caos através do ato.

Uma variante completamente diferente do motivo da provação é a tentativa de matar o herói órfão, por parte das mulheres do irmão da mãe (por exemplo, nos contos melanésios), ou a tentativa da madrasta de livrar-se da enteada (enteado), nos contos maravilhosos de muitos povos.

Conforme foi notado, além dos antagonistas e dos coadjuvantes, para o herói ainda existem os rivais, principalmente nos contos. Eles podem ser companheiros de estrada, servos do rei, outros noivos da filha do rei ou outros genros dele, porém, mais frequentemente, trata-se dos irmãos mais velhos da princesa. Para a heroína, no mais frequente dos casos trata-se das irmãs postiças, filhas da madrasta. Já foi assinalado, no começo, que a demonização da madrasta e a idealização da enteada estão ligadas ao fato de o próprio conceito de madrasta só ter podido surgir quando o pai passou a tomar como esposa uma mulher de um lugar mais afastado, destruindo assim a endogamia. Esta mulher de fora não pertencia à classe de suas esposas, à classe das possíveis mães para suas filhas (de acordo com o sistema de classificação do parentesco). Com a passagem do clã para a família, a enteada, da mesma forma que a órfã, pôde vir a ser deserdada. Isso é mostrado de forma bastante clara pelos contos maravilhosos islandeses, nos quais o cônjuge viúvo ordena que lhe seja trazida uma nova esposa de um lugar determinado, o que parece ter correspondido ao costume, mas não de uma ilha ou de uma península. Os enviados, ofuscados por uma nuvem mágica, trazem-lhe uma feiticeira dos lugares proibidos. A interpretação que propomos é confirmada, inclusive, pelo fato anteriormente mencionado do paralelismo existente no conto maravilhoso entre a tentativa do pai de casar-se com sua própria filha (destruição da exogamia) e o aparecimento da madrasta (destruição da endogamia), que passa a perseguir a enteada pertencente a outro clã que não o seu.

Da mesma forma, a desagregação do sistema primitivo baseado no clã e na tribo e o domínio da família sobre o clã levaram à recusa dos menos favorecidos, *i. e.*, a herdabilidade dos bens por parte do irmão menor só ocorreria depois que os irmãos mais velhos já tivessem se tornado autônomos e independentes dos pais, e isso como que correspondia à justiça social. A passagem da menoridade à maioridade fazia do caçula um deserdado. Assim, o motivo da provação cruza-se com o motivo do "*deserdado social*". Observa-se a idealização do caçula no Antigo Testamento. Por exemplo, a transferência, louvada pelo autor, da bênção de Abraão dada ao filho mais jovem, Jacó, em prejuízo de Esaú, o filho mais velho, e a compra que aquele faz da primogenitura deste. A preferência de Jacó por seu filho mais jovem, José, e por seu neto mais jovem, Efrem; a entronação de Davi, o filho mais jovem, que é invejado pelos irmãos mais velhos etc. Esses exemplos do caçula bíblico já chamaram a atenção de Frazer no livro *O Folclore no Antigo Testamento*. Frazer, entretanto, não avaliou o fato de que o *pathos* principal não consiste apenas na preservação do caçula, mas na condenação do mais velho. É verdade também que esta tendência é menos evidente na Bíblia do que no folclore dos contos maravilhosos. A concepção que foi exposta encontra uma confirmação particularmente evidente nos contos sobre a distribuição da herança, por ocasião da qual o filho mais jovem é preterido (recebe apenas um gato, no conto europeu, e apenas um cachorro ou uma parte mínima de terra, no conto chinês), mas a herança que ele recebe demonstra-se "milagrosa" e coloca--o em lugar de proeminência, como é natural.

Os irmãos mais velhos, como foi dito acima, muitas vezes demonstram serem rivais ativos do herói. Eles o imitam sem sucesso, ou entram diretamente em conflito com ele. Uma prefiguração disso é a conduta do herói cultural e de seu irmão-*trickster* nos mitos arcaicos, onde o herói cultural é muitas vezes o próprio irmão caçula. Os irmãos mais velhos amiúde tentam atribuir a si próprios os feitos do irmão mais moço e tirar a recompensa dele. Da mesma forma, a madrasta tenta substituir a enteada por suas filhas. Aqui estamos entrando no âmbito dos importantes motivos independentes como os da "*substituição*" e da "*identificação*". A "troca" ou é a substituição literal de uma personagem, ou então a apropriação de algo que outros conseguiram. Os irmãos mais velhos, no conto, tanto podem matar o mais jovem ou atirá-lo no mundo inferior (de onde ele depois é trazido de volta por um pássaro), ou simplesmente roubar dele a princesa, os objetos mágicos etc., quanto atribuir a si próprios a morte do dragão, mostrando a cabeça dele decepada. Da mesma forma, a madrasta pode substituir a enteada, colocando a própria filha como noiva ou esposa do príncipe, e enfeitiçar ou mandar embora a enteada. Podem obrigar o herói a esquecer a bela milagrosa com quem ele se comprometeu nas suas peregrinações por lugares remotos e propiciar-lhe outra noiva. A troca é feita com a ajuda da perfídia, da astúcia, do engano e do sortilégio.

O motivo da "substituição" traz consigo o motivo da "identificação". Juntos, eles compõem um motivo como que duplo, que constitui a etapa seguinte da narrativa maravilhosa. A identificação é a revelação do herói autêntico e o restabelecimento da justiça. O herói, que milagrosamente se salvou, mostra as línguas do dragão que ele cortou e apresenta seus direitos à recompensa, o casamento com a princesa. A enteada é salva e dá-se a conhecer. A madrasta e a filha dela são vencidas e mesmo castigadas.

A "noiva esquecida" aparece no casamento do herói e faz com que se lembrem dela por algum sinal, por exemplo, um anel assado junto com a massa do bolo (que é um símbolo tradicional do casamento). Outra situação própria do conto maravilhoso é a do herói que, após ter realizado seu feito, se esconde. (Veja-se, por exemplo, AT 530: aqui é possível encontrar refletido o hábito esponsal do "noivo escondido", que ocorre em alguns grupos étnicos.) A noiva, porém, o reconhece por uma marca (pinta) na testa (possivelmente, a marca primitiva da pertinência ao clã). Dessa forma, a identificação possui o caráter de "*reconhecimento*", que é um motivo bastante difuso na narrativa.

Todas as possíveis substituições e identificações encontram-se difusas também no conto maravilhoso de costumes e na novela propriamente dita, onde a substituição pode ser um ato tanto negativo quanto positivo, por exemplo, quando se trata do tema do adultério. Aqui, porém, nosso motivo desenvolve-se no procedimento do *quiproquó*, que foi bastante conhecido desde os tempos antigos e explorado até a exaustão nas novelas do Ocidente e do Oriente.

Ao elaborar uma breve relação de alguns motivos arcaicos, chamamos a atenção sobre alguns de seus vieses profundos e sobre a sua interpenetração recíproca, e ao mesmo tempo sobre seu paralelelismo semântico e funcional. Em primeiro lugar, lembramos o já mencionado sistema de dois movimentos, ou seja, ação e contra-ação: à queda em poder do dêmon segue-se o resgate, ao desaparecimento da esposa, seu reencontro, à substituição vil, a identificação etc. Em segundo lugar, a queda do herói em poder do dêmon e a luta com os antagonistas demônicos (nível cósmico) são paralelas e análogas ao rebaixamento e à elevação social referentes aos rivais intrafamiliares (nível social). No conto maravilhoso, não é raro que os motivos de enaltecimento do herói socialmente deserdado sirvam de moldura para os motivos mitologicamente nucleares da luta contra os seres demônicos. São paralelos também os correspondentes protótipos de provação do herói, os iniciatórios e os esponsais. Em terceiro lugar, do ponto de vista da estrutura sintagmática (cf. o esquema da sequência linear das funções em *Morfologia do Conto Maravilhoso* de V. Propp), há a coincidência funcional dos motivos das "tarefas difíceis" e da "provação"; da "obtenção do coadjuvante mágico", do "aparecimento da mulher milagrosa" e do "primeiro recebimento do objeto milagroso". Da mesma forma coincidem: a "queda (do próprio herói) nas mãos de forças demônicas" e o "rapto da mulher-heroína"; a partida da mulher milagrosa e sua busca por parte do herói, pelas terras dela; a perda do objeto milagroso e a "libertação do dragão"; a "morte do dragão" e a realização por parte do herói das provações esponsais. Coincidem também as diferentes formas de identificação e a reunificação final com a mulher milagrosa (o casamento da/com a princesa). Esse tipo de arranjo vai surgindo aos poucos, mas nos contos maravilhosos já vão se estabelecendo estereótipos estáveis, tanto mais que, justamente no conto, todos os movimentos temáticos devem receber, no final, uma solução harmônica.

O mito, o *epos* heroico, a lenda e o conto de magia são extremamente ricos em conteúdo arquetípico. Alguns arquétipos no conto e no *epos* sofrem transformações. Por exemplo, os "monstros" são substituídos por seguidores de outras crenças, a "mulher milagrosa" totêmica é substituída pela princesa enfeitiçada, e mais tarde pela esposa caluniada que abre seu caminho através do disfarce, usando roupas masculinas etc. Entretanto, mesmo no caso dessas transformações, o arquétipo originário transparece bastante claramente. Ele como que permanece depositado no nível profundo da narrativa.

Mais adiante ocorre um processo duplo: por um lado, os temas tradicionais que se transformam, em princípio, em arquétipos, são conservados por muito tempo na literatura, manifestando periodicamente e de maneira nítida o seu caráter arquetípico; por outro lado, as transformações dos temas tradicionais ou a repartição dos temas tradicionais em fragmentos originais contribuem para obscurecer e disfarçar as profundas significações arquetípicas.

Esse tipo de processo ocorre de forma bastante visível com os enredos de caráter novelístico. A maioria dos enredos próprios a este gênero pode ser comparada aos dos contos maravilhosos, especialmente aos de magia, principalmente no nível dos episódios, que são fragmentos isolados do enredo inteiro. O caráter coeso do conto de magia consistia, em particular, no fato de que ele, utilizando as imagens transformadas dos "ritos de passagem" (ou seja, da iniciação e do casamento), ia acompanhando a formação da individualidade do herói. Quanto ao enredo da novela, ele é, via de regra, organizado por manifestações isoladas da personalidade do herói, que não possuem nem protótipo ritualístico nem sentido mitológico unificador, o qual pode, porém, estar escondido em um nível mais profundo.

É preciso convir, entretanto, que a formação da personalidade e a repercussão dos "ritos de passagem" coincidem, no conto, com o fator de socialização do indivíduo, sua incorporação ao *socium* ou sua mudança (ascensão) de *status*, A personalidade do herói da novela é ainda mais emancipada (autônoma), menos "social" e quase que totalmente imersa em interesses pessoais. Como consequência disso, a situação em que se encontra o herói é mais "individual", ou seja, mais casual e não obrigatória; em outras palavras, não é prescrita, afinal das contas, pelo uso social. Diferentemente do conto maravilhoso (mesmo do de costumes, também chamado "novelístico"), na novela, o destino – enquanto manifestação de forças superiores – desempenha um papel cada vez menor e é por isso que aumenta a possibilidade da aventura autônoma. Não é por acaso que nas figuras de muitas personagens de novela podem se observar claramente os traços antropomorfos ou zoomorfos dos *tricksters* (os primeiros lhe adviriam dos contos de costumes, os segundos dos contos de animais ou dos mitos). Isso porque o *trickster*, à diferença do herói cultural, conforme sabemos, é associal: ele submete suas ações ao impulso puramente egoísta de saciar sua fome, seu desejo (mais raramente), quase sempre às expensas de outros seres. No nível do mito este "individualista" surgiu basicamente como anti-herói, mas depois a diferença entre herói e anti-herói tornou-se mais tênue.

De uma maneira ou de outra, os motivos ligados ao *trickster*, ou seja, ao trapaceiro, ocupam um lugar conspícuo nos enredos das novelas do Oriente e do Ocidente (os exemplos que virão a seguir são tomados do *Decamerão* de Boccaccio). Como pretexto para a ação do trapaceiro tanto serve o impulso para satisfazer sua paixão (desejo), quanto a necessidade de evitar um prejuízo, ou a vingança, por um ato perigoso ou ameaçador por ele perpetrado, por parte de seu antagonista/rival/perseguidor (contrapatifaria). Muito raramente a trapaça serve à finalidade de permitir-lhe atravessar alguma provação prevista. A categoria da "provação", remotamente ligada à iniciação, é característica apenas do enredo do conto maravilhoso e não é absolutamente típica para a novela (cf. o tema raro no *Decamerão* da prova da pureza da mulher – II, 9; III, 9; ou da amante – VII, 9). Nos enredos mitológicos arquetípicos, o alvo do *trickster* era, na maioria das vezes, a caça de alguma presa, quase sempre para dela se alimentar e, muito mais raramente, o momento sexual. Na novela, ao contrário, a esperteza está ligada, na maioria das vezes, a finalidades erótico-amatórias.

No *Decamerão* a maior quantidade de astúcias e de trapaças serve para seduzir as mulheres e marcar encontros, confundir o marido enganado e, por outro lado, desiludir um apaixonado. O apaixonado (o sacristão) ministra ao marido um pó que lhe dá sono e convence-o de que esteve no purgatório (*Decamerão*, III, 7), de que se encontrou com outra mulher sob o olhar do arcanjo Gabriel (*Decamerão*, IV, 2); o jardineiro do mosteiro engana a freira, fingindo-se de mudo (III, 1); o estalajadeiro liga-se à princesa, a quem apareceu na escuridão disfarçado de rei (III, 2); o amante faz o marido de "santo" enquanto se diverte com a esposa (III, 4); o herói consegue, através de um engano, que uma mulher por ciúme se disfarce de amante do marido e se encontre nos banhos, em lugar da amante, e aí ele a seduz (III, 6); em troca de um cavalo, o herói adquire o direito de conversar com a mulher de outro e entender-se com ela (III, 5); uma dama, através da confissão a um monge, consegue comunicar seus sentimentos ao objeto de seu amor (III, 3); o herói compra o amor de uma mulher, pagando-a com o dinheiro que ele emprestou do próprio marido dela (VII, 1); uma mulher infiel faz-se passar por outra (VII, 8); uma mulher infiel consegue, pela astúcia, desfazer a suspeita do marido, fazendo passar o amante por um fantasma (VII, 1); o amante disfarça-se de vendedor de barris e esconde-se dentro de um deles (VII, 2); ou então disfarça-se de boticário e conversa com os vermes (VII, 3); etc. etc.

Os motivos de trapaça e contratrapaça ligados ao adultério estão muito próximos dos motivos análogos dos *fabliaux* e das *chvankas* que podem ser considerados precursores das novelas; neles, esses motivos, na maioria das vezes, funcionam como operadores que permitem sair de uma situação que se tornou complicada, mas que já não exerce a função de provar o herói. À diferença deles, na novela clássica é reforçado o ênfase na agudeza de espírito e na engenhosidade e, por outro lado, são feitas alusões de sátira social. Estas últimas são dirigidas, muitas vezes, aos monges ou aos sacristãos, enquanto sedutores das mulheres. É o próprio sacristão que se faz passar pelo arcanjo Gabriel, que "envia" o marido da amante para o purgatório e dá um jeito de não pagar nem ao marido, nem à mulher. O monge peca, mas, para evitar o castigo, pespega a amante ao abade, e a monja, que vai julgar a culpabilidade do responsável pelo mosteiro, veste na cabeça, por engano, as calças do sacristão, de quem é amante. Esta hipocrisia e trapaça dos representantes do clero pode ser objeto de escárnio inclusive fora das intrigas amorosas, por exemplo, no motivo da confissão fingida do pecador que depois dela tornou-se "santo" (I, 1) ou então na "cura" por meio de poderes sagrados (II, 2) etc.

As trapaças às vezes se transformam em brincadeiras ingênuas, por exemplo, no ciclo de novelas de Calandrino e de seus amigos, que se divertem com ele e dele zombam (VIII, 3, 5, 6, 9 e IX, 3, 5, 10). Esses relatos brincalhões exploram o aspecto estético das malandragens de tipo picaresco. A abundância de temas ligados ao adultério é devida, em parte, à emancipação da sexualidade e à sua liberalização e, de um modo mais geral, à emancipação da atividade individual, agora mais raramente adstrita à estética do amor cavalheiresco, *sui generis* e um pouco convencional. Em algumas novelas a liberdade de amar é declarada abertamente liberdade sexual. Em outras, de enredo clássico, a paixão amorosa elevada tem seu lugar definido, mesmo em algumas novelas de Boccaccio. Neste caso o amor é despojado de qualquer convenção e é trágico, terminando com a morte de ambos os apaixonados (cf. IV, 1, 5, 6, 7). Normalmente um deles não quer viver sem o outro e isso faz com que se difunda a ideia de que "o amor é mais forte do que a morte". Para a sua expressão são utilizadas algumas imagens mitológicas já gastas, ligadas aos rituais da natureza que morre e ressuscita e à identificação metafórica da comida e da ligação amorosa: a moça recolhe a cabeça do amado e dela nasce um pé de basilicão (cf. Adônis etc.); a heroína despeja veneno no coração do amado ou come o coração do amante e ambos morrem, tanto ela quanto a muda venenosa. Um tipo de amor abnegado e sacrificial pode ser expresso também por meio de imagens menos arcaicas, com algum matiz de amor cortês, como o que ocorre, por exemplo, na conhecida novela do falcão que é morto para alimentar a mulher amada (V, 9).

Dessa forma, temas de adultério ou puramente eróticos [como a paródia no romance grego: em lugar da manutenção da pureza da heroína é dada a sequência de suas "quedas" (cf. II, 7); ou como a história da mártir cristã que conheceu o amor sexual com o asceta no deserto (cf. III, 10)], são encontrados como que contrabalançando, em termos de distribuição, as novelas sobre o amor trágico mais forte do que a morte.

No mito e no conto maravilhoso (em particular no conto sobre a busca dos objetos mágicos, sobre as aventuras das personagens que foram enxotadas de suas casas ou das mulheres raptadas), mas também no romance de cavalaria encontram-se difusos os motivos arquetípicos das viagens que incluem desaparecimentos na floresta – mais raramente viagens marítimas – (estas últimas mais características do romance grego), e as estadas em outros mundos. Estas viagens, via de regra, seguem de perto a topografia mitológica, não apenas com as contraposições céu/terra, reino subterrestre/reino subaquático, mas também com contraposição casa/floresta (esta última representando o mundo "estranho" saturado de dêmones e demonismos), com a marca do rio como fronteira entre mundos na terra firme etc. etc. Na novela, a simbologia mítica desse tipo ou se enfraquece bastante ou desaparece por completo, e a força natural das aventuras manifesta-se como que abertamente. Mais do que a engenhosidade, o coadjuvante aqui é o acaso feliz (cf. *Decamerão*, II, 2, 3, 4, 5, 6; V, 1, 2, 6, 7), que pode facilmente modificar qualquer situação e tirar a personagem de qualquer tipo de dificuldade. No mito e no conto maravilhoso o acaso feliz é submetido a uma ordem mitológica rigorosa, originariamente relacionada com um ritual e com uma composição determinados. Nos romances de cavalaria o "acaso" também desempenha um papel definido, mas combina-se sempre com o destino do herói e suas elevadas qualidades cavalheirescas.

A novela, por ser um gênero de enredo bastante elaborado, é ao mesmo tempo um gênero em que o nível mitológico profundo – em última análise, o arquetípico – é extremamente fraco. Isso, no Ocidente, porque no Oriente, onde a novela conservou por mais tempo os traços do conto maravilhoso, ele permaneceu mais acentuado.

Referências Bibliográficas

BOCCACCIO, G. *Il Decamerone*. Tradução do italiano de A. N. Vesselóvski. Moscou, 1955.

MELETÍNSKI, E. M. *Guerói volchébnoi skaski (O Herói do Conto de Magia)*. Moscou, 1958.

_____. *Vvediênie v istorítcheskuiu poétiku epossa i romana (Introdução à Poética Histórica do Epos e do Romance)*. Moscou, 1986.

PÍNSKI, L. E. *Realism epokhi Vosrojdiênia (O Realismo na Época do Renascimento)*. Moscou, 1961.

_____. *Shakespeare*. Moscou, 1971.

PROPP, V. A. *Istorítcheskie kórni volchébnoi skaski (Raízes Históricas do Conto de Magia)*. Leningrado, 1946.

TERNER, V. *Símvol i ritual (Símbolo e Ritual)*. Moscou, 1983.

BODKIN, M. *Archetypal Pattern in Poetry*. New York, 1934.

BAOUDOUIN, Ch. *Le Triomphe du héros*. Paris, 1952.

CAMPBELL, J. *The Hero with a Thousand Faces*. Princeton, 1948.

_____. *The Masks of God*. New York, 1969-1970, vols. I-IV.

DURAND, G. *Les Structures anthropologiques de l'imaginaire*. Paris, 1969.

_____. *Figures mythiques et visages de l'oeuvre*. Paris, 1979.

FRYE, N. *Anatomy of Criticism*. Princeton, 1957.

JUNG, C. G. & KERÉNUY, K. *Einfürung in das Wesen der Mythologie*. 4. Aufl. Zurich, 1951.

JUNG, C. G. *Von den Wurzeln des Bewusstseins*. Zürich, 1954.

LÉVI-STRAUSS, Claude. *Mythologiques*. Paris, 1964-1971, vols. I-IV.

NEUMANN, E. *The Origins and History of Consciousness*. Princeton, 1973.

RADIN, P. *The Trickster*. Leningrado, 1956.

SAINTYVES, P. *Les Contes de Perrault et les récits parallèls*. Paris, 1923.

Abreviações Utilizadas

AT. *The Types of the Folktale: Antti Aarne's Verzeichnis der Märchentypen*. Transl. and enl. by S. Thompson. Helsinki, 1964.

Mot. Motif-Index of Folk Literature by Stith Thompson. Bloomington/London, 1966, vols. I-IV.

SEGUNDA PARTE

As Transformações dos Arquétipos na Literatura Russa Clássica

Cosmos e Caos, Herói e Anti-herói

A literatura clássica russa constitui-se no século XIX e para a literatura do século XIX ela é a mais representativa. Dessa forma, também o destino dos arquétipos literários no século XIX pode ser desvelado nos textos da literatura russa, tanto mais que os próprios escritores russos, via de regra, têm a preocupação de abarcar os problemas ligados à concepção do mundo, de modo muito mais amplo do que seus colegas da Europa Ocidental, numa abrangência comparável à dimensão mitológica dos arquétipos.

O fundador universalmente reconhecido da literatura clássica russa do século XIX é A. S. Púchkin, que em sua obra fez como que um balanço do desenvolvimento da literatura ocidental do Renascimento até o Romantismo e abriu caminho para a literatura russa clássica, lançando as bases da sua língua poética, no sentido mais amplo do termo, indo muito mais além do seu nível puramente estilístico na esfera da semântica, do enredo, do sistema de imagens, dos estereótipos ideológicos.

Daí decorre que aquele período pós-medieval do desenvolvimento literário comum a toda Europa, ao qual aderiu Púchkin, caracterizou-se, particularmente, por uma tendência à desmitologização e a um afastamento gradual dos temas tradicionais (em especial no século XVIII). Na obra dos românticos delineou-se novamente o interesse pela Idade Média, pelo mito e pelo folclore, mas esta tendência era característica principalmente dos românticos de linha alemã, mas Púchkin, em maior medida, orientava-se a partir dos românticos de tipo "individualista" – ingleses e franceses. Por isso, as imagens e os conceitos arquetípicos, que apresentam em Púchkin um aspecto transformado ao máximo, são extremamente complexos, individualizados, carregados de ironia.

Voltando-se aos temas tradicionais do folclore e do romance de cavalaria (contos maravilhosos, *Ruslan e Liudmila*), Púchkin propõe um jogo irônico com os motivos tradicionais e com os clichês estilísticos. Em seguida ele utiliza de forma livre e original, transforma de forma polêmica ou irônica, mistura, adapta a seus próprios fins artísticos os modelos de gênero e de estilo de Ariosto, Shakespeare, Walter Scott, Byron, do romance psicológico francês do século XVIII e de outros. Mais tarde, Púchkin se aproxima de temas arquetípicos essenciais, tais como o cosmos e o caos, dando-lhes uma flexibilidade dialética, pode-se dizer, polivalente, em parte, uma elaboração relativista.

I. M. Lotman escreve:

> Ao longo de toda a obra de Púchkin desses anos penetram, primeiramente, diferentes imagens de fenômenos da natureza revolta: nevasca (*Os Demônios, A Nevasca, A Filha do Capitão*), incêndio (*Drubóvski*), inundação (*O Cavaleiro de Bronze*), epidemia de peste (*Festim em Tempo de Peste*), erupção de vulcão ("A Boca do Vesúvio Abriu..." – décimo capítulo de *Evguiêni Oniéguin*); em segundo lugar, um grupo de imagens ligadas a estátuas, pilares, monumentos, "ídolos"; em terceiro lugar, imagens de pessoas, seres vivos, vítimas ou guerreiros – "o povo perseguido [pelo medo)", [...]

ou um homem que protesta com orgulho [...] A interpretação de cada um desses grupos de imagens depende da sua fórmula de relação com as outras duas [...] A possibilidade de o autor colocar-se sob o ponto de vista de qualquer uma dessas forças, mudando a interpretação concreta delas em termos de sentido, pode ser demonstrada pelo fato de que cada uma delas, para Púchkin, não está ausente de sua poesia [Lotman, 1988, pp. 28-29].

I. M. Lotman sem dúvida tem razão quando diz que

as imagens de fenômenos da natureza podem ser associadas às forças cósmicas, às explosões de cólera do povo, e também às forças irracionais da vida e da história. [...] A estátua [...] é, antes de mais nada, um "ídolo", Deus terrestre, personificação do poder, mas ela, por sua vez, fundindo-se à imagem da Cidade, pode concentrar nela mesma ideias de civilização, progresso, até de Gênio histórico. O povo que corre pode ser associado à ideia de vitimização e de impossibilidade de defesa. Mas aqui – tudo o que está ressaltado como sendo "autonomia do homem" e "ciência primeira" – é respeitar a si próprio!" A provação para a humanidade é, no final das contas, decisiva para a apreciação dos participantes do conflito [Lotman, 1988, p. 29].

Do nosso ponto de vista é fundamental que a dupla oposição de Púchkin, no triângulo salientado por I. M. Lotman (forças da natureza-ídolo-povo), se diferencia fundamentalmente da oposição arquetípica direta do caos e do cosmos, já que a introdução no paradigma da personalidade humana individual como unidade decisiva não apenas torna mais complexo o paradigma, mas introduz uma ambivalência na interpretação dos elementos do caos e do cosmos. Em *O Cavaleiro de Bronze* o pobre Evguiêni (precursor da "Pobre gente" de Gógol e Dostoiévski) se constitui não apenas como vítima do caos "aquático" (cf. o mitológico dilúvio universal), mas também como "herói cultural civilizador", que uma vez dominou esse caos aquático no passado, para que fosse possível a construção da cidade (cf. a construção da cidade de Uruk por Guilgamesh no deserto, com os cedros obtidos do monstro Huvava-Humbaba).

O princípio do caos pode ser transportado para o puro mundo social ou para o próprio homem (tema depois largamente explorado por Dostoiévski) e pode-se obter, além disso, uma avaliação ambivalente e até mesmo por vezes positiva. Assim, são ambivalentes a força primeva de Pugatchov[1] ou o roubo "nobre" de Dubróvski[2]; é ambivalente o princípio instintivo em Dom Juan, mas o princípio primordial em Mozart recebe uma avaliação absolutamente positiva, nos termos da interpretação romântica do Gênio como um herói fabuloso infeliz (cf. *História de um Vagabundo* de Eichendorff, *A Lâmpada Mágica de Aladim* de Ellenchleger; cf. a refutação desta concepção em *Peer Gynt* de Ibsen); de modo correspondente, a posição racionalista e iluminista de Salieri, isto é, uma posição de ordenação obrigatória, a "cosmicização" recebe uma avaliação negativa; é ambivalente a atuação "cósmica" de Pedro I[3].

Nas construções arquetípicas o caos está extremamente próximo à morte, às forças ctônicas. Encontramos tal correlação em *O Festim em Tempo de Peste*, onde a força violenta da peste conduz diretamente à morte. Mas em *Mozart e Salieri* ou em *O Convidado de Pedra* – ao contrário, exatamente a força que pretende ser expressão da ordem cósmica atua como um instrumento da morte.

Ligado a essa interpretação ambivalente de Pedro I em *O Cavaleiro de Bronze* e de Pugatchov em *A Filha do Capitão*, vale lembrar a positividade absoluta do Pedro, construtor e organizador do Estado, e a negatividade absoluta do rebelde Mazepa, que traz consigo o caos do estado na versão mais antiga de *Poltava*.

---

1. Pugatchov (1742-1775), figura histórica que chefiou uma grandiosa revolta camponesa, retratada no romance de Púchkin, *A Filha do Capitão*.

2. Dubróvski, herói da novela homônima de Púchkin.

3. Pedro I (1672-1725), conhecido também como Pedro, o Grande, foi um dos tzares mais reformistas da Rússia. Construiu a cidade de São Petersburgo nos pântanos do rio Nevá – símbolo de sua decisão de abrir a seu país as portas do Ocidente.

No que se refere ao arquétipo do herói, Púchkin se inclina antes para o seu destronamento, que em graus diferentes é aplicado às formações atuais, diferentes e como regra românticas, do caráter heroico (o próprio Mazepa[4], Aleka, o ingenuamente romântico Liênski e o intelectual entediado Oniéguin, o demoníaco Hermann e o pseudodemoníaco Sílvio)[5]. Esta linha de destronamento será seguida e concluída por outros escritores russos, em particular por Dostoiévski. Mazepa já se aproxima de um anti-herói (cf. outras variantes do "traidor" Chvabrin).

O tipo arcaico do trapaceiro-*trickster* não foi elaborado por Púchkin, embora tenha sido ele a dar a Gógol o tema de *Almas Mortas*, onde o herói principal está ligado exatamente a esse arquétipo. Gógol, diferentemente de Púchkin, volta-se diretamente para o folclore, para o mito, para o *epos* heroico, e isto o aproxima das tradições arquetípicas originárias.

A obra de N. V. Gógol é extremamente rica em motivos arquetípicos, inclusive fantástico-mitológicos, e também em elementos folclóricos variados, que nascem, de modo peculiar, do aproveitamento das estruturas dos gêneros arcaicos, tais como o conto maravilhoso (o de magia e o de costumes), a historieta[6], a lenda e o *epos* heroico.

Em diferentes obras de Gógol todo este arcaico se apresenta no nível do enredo, e apenas alguns motivos mitológicos no nível estilístico; nas criações mais tardias de Gógol o arcaico e o fantástico ainda se refletem vivamente em várias comparações e outros *tropos*, o que mais de uma vez mostraram os pesquisadores, em particular, mais recentemente (I. V. Mann e A. L Ivânitski). Em

---

4. Ivan Stepanovitch Mazepa: nome de um *hetman* (chefe guerreiro) ucraniano (1687--1708). Figura da ópera com o mesmo nome, retirada da obra de A. S. Púchkin.

5. Heróis de diferentes obras de A. S. Púchkin.

6. Do original russo Быличка (*býlitchka*): historieta.

geral, esses pesquisadores analisaram mais o fantástico gogoliano e, em particular, o seu estilo no contexto do romantismo europeu, antes de mais nada o alemão (em muitos autores, particularmente em Stender-Petersen), em parte também o francês (V. V. Vinográdov sobre a influência em Gógol da escola do "ímpeto"). Mais próxima de nossos objetivos está a colocação do problema por M. M. Bákhtin sobre a "carnavalização" que aproxima neste aspecto Gógol e F. Rabelais, e também a discussão deste problema na *Poética de Gógol* de I. V. Mann.

I. V. Mann limita com justeza o campo da "carnavalização" em Gógol, apontando traços dissonantes que contradizem a carnavalização total, tais como os motivos do automatismo e do amortecimento que irrompem na atmosfera da alegria generalizada, da glutonaria, da união coletiva das pessoas na festa e na dança, bem como a manifestação inesperada do afastamento do indivíduo, como a quase carnavalização das forças irreais do mal, como a irreversibilidade e a invencibilidade da morte.

A isso pode-se acrescentar que a inversão da hierarquia específica à carnavalização ocupa em Gógol um lugar muito modesto. Um exemplo claro disso são as brincadeiras dos jovens, dirigidas contra o chefe da aldeia em *Noite de Maio ou A Afogada*. Todas as outras brincadeiras, inclusive o abobalhamento do diabo, que remontam aos assim chamados contos sobre o diabo bobo, possuem somente uma relação indireta com a "carnavalização". É preciso levar em conta também que não é em toda festa que existe o carnaval com a inversão da ordem hierárquica. A festa é um ritual, em grande parte do tipo calendárico, de modo que se relaciona com a ideia de renovação, que favorece nova abundância e prosperidade.

A abundância e a prosperidade são mantidas pela magia da multiplicação, pelos motivos sexuais e pelas relações amorosas, pelo ritual do assim chamado casamento sagrado. Em tempo de festa admite-se a transgressão de algumas normas sociais, uma espécie de caos social que pode ser imaginado muitas vezes como a repetição do caos original, anterior à criação e à "cosmicização", que inclui o triunfo sobre as forças demônicas, que sob certo sentido personificam o caos e as forças ctônicas das trevas.

Antes de passarmos para a análise concreta dos arquétipos gogolianos, é preciso advertir ainda que as associações rituais e mitológicas, em Gógol, são apresentadas com um humor que remonta em parte ao próprio aproveitamento do gênero folclórico (no gênero do citado conto sobre o diabo bobo), e em parte à ironia romântica universal. O humor (nas obras iniciais, via de regra, bonachão e muito benevolente) tão frequentemente se propaga no meio popular e em sua superstição, em seus falatórios etc., que não pode deixar de carregar uma nota de ceticismo também em relação ao fantástico retirado do folclórico, e ao acontecimento extraordinário descrito. Depois dessas ressalvas e observações preliminares passemos ao material concreto.

A ação na maioria das novelas pequeno-russas (Ucrânia) se desenrola ora sobre o fundo da festa, ora de sua véspera (*A Noite da Véspera de Natal, A Noite da Véspera do Dia de Ivan Kupala, Noite de Maio ou A Afogada*), ou nas circunstâncias da alegre e ruidosa festa da feira (*A Feira de Sorotchinsk* e *A Carta Desaparecida*). Se não existe a festa, então há o ritual (o casamento em *A Terrível Vingança*, os funerais em *Vii*) ou, pelo menos, a dança, isto é, o fenômeno cuja origem é o ritual. A dança figura, por exemplo, em *Um Lugar Enfeitiçado* (onde, em lugar do tempo extraordinário e miraculoso mencionado, nos defrontamos com um lugar, um espaço extraordinário e miraculoso; aliás, também *A Feira de Sorotchinsk* está ligada a um "lugar maldito"). Na festa predominam a alegria das massas, a balbúrdia, a glutonaria e a bebedeira, isto é, traços quase carnavalizados; a bebedeira figura em todos os contos deste tipo, ela se apresenta simultaneamente não só como o signo da liberdade da festa carnavalizada, mas também como pressuposto para o contato com o mundo demoníaco. Podemos observar que além dos contos fantásticos, por exemplo, em *Tarás Bulba*, a bebedeira e a orgia também simbolizam a liberdade e o espírito livre, o caráter heroico das "grandiosas naturezas russas". A balbúrdia da festa aparece muito claramente em *Noite de Maio* (os jovens "passeiam", o chefe, de modo estranho, ao invés dos desordeiros, prende a cunhada) e em *A Feira de Sorotchinsk* (o aparecimento de Satanás na figura de um porco, cigano etc.).

A balbúrdia da festa nas novelas pequeno-russas tem parentesco evidente com o caos. O caos ritualístico (e nas obras mais tardias de Gógol há o caos social e econômico) é uma categoria muito importante para ele. O caos ritualístico é na verdade um motivo tipicamente arquetípico, intimamente ligado ao mito, na medida em que a festa-ritual apresenta como que um retorno a um tempo primordial mitológico "paradigmático". As trevas ctônicas do caos primordial aparecem através da descrição dos ciganos como "multidões de gnomos, rodeados por um pesado vapor subterrâneo, na escuridão da noite plúmbea" (Gógol, tomo 1, p. 46; adiante, nesta parte, nas referências das *Obras Completas* de Gógol entre parênteses, estarão indicadas apenas o tomo e a página).

A cena de *A Noite da Véspera de Natal*, onde Sólokha, considerada uma bruxa, flerta ao mesmo tempo com alguns admiradores (com o chefe, com o diácono, com Sverbiguz, com o próprio diabo) e é obrigada sucessivamente a esconder um do outro, reproduz o esquema do conto anedótico e o *fabliau*, mas distingue-se do protótipo do conto de magia pela participação de personagens demônicas e pela fixação na festa. Neste sentido, o episódio mencionado simboliza, em parte, o caos sexual, profundamente ligado às festas calendáricas; isto fica acentuado também pela participação de personagens demônicas – o diabo e

OS ARQUÉTIPOS LITERÁRIOS ❧ 131

a bruxa. Os motivos românticos "nupciais", principalmente em *A Feira de Sorotchinsk*, em *Noite de Maio*, e em *A Noite da Véspera de Natal*, contrastam com os episódios referidos, mas também na forma idealizada correspondem à festa erótica ("o casamento sagrado" etc.). O caos sexual devido ao demonismo tem lugar em *A Terrível Vingança*, onde o feiticeiro tenta atrair sua filha para uma relação incestuosa.

Merece atenção a comparação em *A Feira de Sorotchinsk* entre a azáfama festiva e o "dilúvio", a "queda d'água" e também o "monstro prodigioso" (1, 26). Aqui, no nível de comparação, aparecem traços do caos mitológico antigo. O "dilúvio" e a "queda d'água" nos lembram o dilúvio universal (como um retorno ao caos primordial), e o caos aquático original que antecede a separação da terra e o começo da criação. No que se refere ao "monstro prodigioso", lembremos então que tal monstro mitológico também aparece tanto na imagem do caos, quanto na imagem da criatura cósmica original e amorfa, da qual foi criado o mundo (cf. o escandinavo Imir, o indiano Purucha, a babilônica Tiamat, a deusa da terra pré-colombiana, o chinês Pangu e etc.). A descrição do céu em *A Feira de Sorotchinsk*, o qual envolve a maravilhosa e "apaixonada" terra com uma "cúpula sensual" (1, 20), claramente nos remete a uma das hipóteses do caos primordial – o abraço indissolúvel da Terra e do Céu como par divino primordial. A separação entre eles e a ascensão do Céu sobre a Terra é um ato cosmogônico importante.

Também pertence a essa categoria a referência em *Noite de Maio* à árvore universal, "que murmura no topo do próprio céu, e, à noite, Deus desce através dela até a terra diante de uma festa luminosa" (1, 82; cf. a descrição da floresta como a cabeleira do avô da floresta em *A Terrível Vingança*).

Gógol não só retrata o ritual que reconstitui acontecimentos do tempo "primordial", isto é, mitológico, mas também sublinha na série de suas novelas fantásticas em que também os acontecimentos descritos se referem a um tempo remoto.

Em algumas novelas sublinha-se que o discurso se refere a tempos remotos. Em *A Noite da Véspera do Dia de Ivan Kupala*, desde o início se mencionam discursos maravilhosos sobre os tempos remotos "[...] sobre bravos feitos [...] sobre algum feito extraordinário do passado" (i, 59). Em *A Carta Desaparecida*, a narrativa se inicia com uma reflexão sobre os tempos remotos: "Ah, velhos tempos, velhos tempos! Que alegria, que prazer toca o coração quando se ouve dizer: há muito tempo atrás, e não existe ano e nem mês, fez-se a luz! [...] o espírito do antepassado brinca dentro de você..." (i, 119). Nesta frase ficamos conhecendo antes um tempo fantástico e indeterminado (remoto, mas não primordial) e deste modo uma contribuição à estilística do fabuloso. Em *A Noite da Véspera do Dia de Ivan Kupala*, a referência aos "bravos feitos" também nos conduz a um tempo épico e a uma estilística épica. Tanto mais em *Tarás Bulba* tem-se em vista claramente um tempo épico e heroico, fala-se sobre "remotos tempos", sobre o "sabor deste tempo guerreiro e difícil quando começavam a irromper na Ucrânia os combates e as batalhas pela unificação", sobre um tempo, "ao qual as alusões vivas permaneciam somente nas canções e nos pensamentos populares que não se cantam mais na Ucrânia" (ii, 44, 46, 48). Ou cf. em *A Terrível Vingança*: "Aquele era um outro tempo: tempo de glória para os cossacos" (i, 253), "feitos e batalhas de outrora", "Oh! tempo! tempo! tempo passado!", "pelo tempo passado e pelos anos de outrora", um "tempo de ouro". Aqui ao século heroico se contrapõe o agora "não há ordem na Ucrânia [...] mordem-se como cachorros entre si" (i, 235). Ao "tempo de ouro" associa-se também a abundância passada e também que "no passado gostava-se muito de comer bem [...] de beber [...] de se divertir" (i, 204). A isto faz eco longínquo a descrição da abundância na feira e, de modo geral, a florescência da vegetação, "o peso dos frutos" etc., isto é, também uma espécie de retrato do século de ouro em *A Feira de Sorotchinsk*.

A relação da festa com o tempo passado é antiga e de todas as formas é sublinhada por Gógol (o tempo passado, principalmente o mitológico, é um tempo antes do tempo, mas o tempo da festa está fora do tempo). É claro que a descrição do tempo épico ou a abundância da feira não pode levar diretamente ao tempo primordial mitológico, mas não esqueçamos que tanto o "século de ouro", quanto o "século heroico", quanto o "tempo mágico", e também o "acontecimento" ritualístico aparecem a partir do resultado do desenvolvimento e da transformação deste arquétipo originário (em particular, a abundância frequentemente se conecta com o tempo mitológico primordial). Penso que entre eles, também na consciência de Gógol, não há grande distância.

Voltemos à questão sobre o demonismo no tempo mitológico e que se repete na sua festa ritual, sobre a superação das forças caótico-demônicas pelas forças cósmicas do bem, sobre a luta do caos e do cosmos que constituem o principal *pathos* do mito e também de modo transformado o *pathos* dos contos maravilhosos e do *epos*.

Nas primeiras novelas de Gógol as forças demônicas são apresentadas através de imagens do conto de magia e das historietas – bruxas, diabos, feiticeiros etc. O contato com elas, como também no conto maravilhoso, frequentemente surge no momento em que os heróis veem-se perdidos (*Um Lugar Enfeitiçado, Vii*). Da mesma forma não se devem esquecer as personagens protótipos dos contos fabulosos e das personagens das historietas.

A bruxa é o resultado não somente do rebaixamento, mas também da superação dos últimos vestígios da ambivalência da antiga imagem demônica da Grande Mãe (em parte sob a pressão das tendências patriarcalistas na sociedade). O duplo feminino começa a receber um registro negativo. Por isso a tradição não contradiz em absoluto a imagem de Sólokha, "a velha (*baba*) bondosa", "a velha diaba" e "a bruxa", isto é, combina os traços da autêntica bruxa e a libertina comum. Em diferentes momentos das primeiras novelas de Gógol estão espalhadas, ainda que com humor, as opiniões das personagens sobre o fato de que todas as velhas são bruxas, atribui-se uma aura de bruxaria às sogras e cunhadas, e sobretudo, conforme os arquétipos dos contos fabulosos, às madrastas.

No sentido da "domesticação" da bruxa é importante a imagem da madrasta perversa que persegue a própria enteada. Assim estão também, em Gógol, a madrasta em *Noite de Maio*, onde ela é de fato uma autêntica bruxa (sua transformação em gata, ferida pela "branca mocinha", também corresponde à representação da relação da gata com a bruxa, com a qual surge em paralelo a cunhada do chefe dos aldeões), e também a madrasta em *A Feira de Sorotchinsk,* a qual não aparece como uma autêntica bruxa, mas é chamada pelos que a rodeiam de "bruxa centenária" e "diabo", e onde ela cumpre a função do mal essencial: persegue a enteada, obriga a rescindir o contrato do matrimônio de Pidorka com o belo Petrus. O matrimônio de Petrus e Pidorka, que coroa a narrativa, faz lembrar remotamente o matrimônio sagrado final do ritual calendárico.

Conforme a normas do fabuloso, forças prodigiosas ajudam a enteada, e também o modo de viver extremamente primitivo dos astutos ciganos que, aliás, estão um tanto ligados às forças demônicas misteriosas, e provocam uma desordem na feira ("pano vermelho" etc.). O contrato de Petrus com os ciganos, semelhante a um contrato com o diabo, apresenta-se também de forma rebaixada e mesmo um tanto paródica. *Em Noite de Maio* a enteada perseguida, tendo se afogado por sofrimento e se tornado uma

OS ARQUÉTIPOS LITERÁRIOS ❦ 135

sereia (*russalka*) afogada (personagem das historietas e não do conto maravilhoso), ela mesma se torna uma auxiliar prodigiosa para Levko em sua luta pela mão de Ganna, contra a vontade do rival – o chefe dos aldeões, o próprio pai de Levko. Mas Levko é forçado por sua vez a realizar uma "difícil tarefa" (ao mesmo tempo uma difícil tarefa nupcial e um favor à sereia) – reconhecer a madrasta-bruxa que também tomou o aspecto de uma afogada. Ora, o fato de Levko ver sua negritude dissimulada e reconhecer nela o Corvo (trata-se do jogo com Corvo) corresponde à ideia original do demonismo do Corvo (em russo *Vóron*). Mas no conto maravilhoso clássico antes esperaríamos o desenfeitiçamento da enteada-sereia e o casamento dela com o herói.

Em *Vii*, escrito mais tarde, encontramos a autêntica bruxa com traços de vampiro. O discípulo Khoma Brut, que celebra a sua missa de corpo presente, também não desenfeitiça a heroína e não se casa com a desenfeitiçada, como acontece no conto maravilhoso popular, mas desaparece diante do olhar da poderosa e onipontente criatura demônica Vii, não suportando a provação, como que reprovado na iniciação devido à falta das qualidades do herói mitológico e fabuloso. Khoma Brut não conhece seus pais. Neste ponto o arquétipo antigo do herói "órfão" e "solitário" como primeiro ancestral (cf. vestígios deste motivo no *epos* turco-mongólico dos povos da Sibéria) já há muito tempo está suplantado pela ideia quase épica da perda pelo herói, isolado das relações com a terra (em medida considerável, trata-se de uma ideia romântica). A bebedeira e a licenciosidade dos seminaristas já não têm nada a ver com a alegria da festa, nem com a vida em plena orgia dos cossacos patriotas (vide abaixo sobre *Tarás Bulba*). O movimento vai em direção ao rebaixamento e à desclassificação.

Ao lado da bruxa figura também em Gógol o diabo – uma imagem sintética e cristianizada típica das forças demônicas. O fato de que o diabo em *A Noite da Véspera de Natal* rouba a lua e

136 ❦ E. M. MELETÍNSKI

promove uma tempestade mostra a sua ligação com o caos. O fato de que se pode selar o diabo, torná-lo pela força um "auxiliar prodigioso" para a execução de uma "difícil tarefa" da noiva rebelde (nesse mesmo conto), ou que se pode vencê-lo no jogo de cartas (*A Carta Desaparecida*), nos conduz à representação folclórica do diabo bobo. Está também muito próximo do diabo bobo o curandeiro Patsiuk, em *A Noite da Véspera de Natal*, um gordo e preguiçoso que faz amizade com o verdadeiro diabo. Gógol gosta muito do tema do contrato com o diabo ou da venda da alma ao diabo (*A Feira de Sorotchinsk, A Carta Desaparecida, A Noite da Véspera de Natal, A Noite da Véspera do Dia de Ivan Kupala*). A verdadeira venda da alma ao diabo para unir-se à amada, a venda da alma não ao bobo, mas ao genuíno diabo (o "demoníaco" Basabriuk), conduzem o herói à obtenção de uma riqueza falsa – um tesouro – e à realização de um crime – um assassinato –, mas, no final das contas, leva à ruína do herói e ao retiro de sua amada esposa num convento. A venda involuntária da alma ao diabo acontece de fato num dos escritos mais tardios, *O Retrato*, onde o dinheiro, escondido na moldura do retrato prodigioso de um usurário demoníaco, leva à profanação do talento do pintor. Aqui o demonismo mitológico já se torna símbolo do poder do dinheiro burguês sobre as almas. Em *A Terrível Vingança* a alma do feiticeiro (o pai da heroína) já está vendida de antemão ao diabo pelos pecados ancestrais; além do mais, o seu demonismo toma uma coloração confissional e nacional, ele é traidor da Ucrânia e da Ortodoxia.

E assim, nas primeiras novelas de Gógol, no contexto da atitude romântica com relação ao folclore, encontram-se em elaboração os antigos arquétipos, na base de uma nova apreciação dos motivos arcaicos. Tal tratamento ocorre a partir do conto de magia (os motivos da bruxa e da madrasta perversas, tarefas esponsais "difíceis", auxiliares mágicos), raramente através do conto de costumes (as artimanhas das libertinas para ocultar os amantes), através dos chamados contos sobre o diabo bobo, com frequência a partir da historieta (a sereia, o vampiro, Vii, diabos, lugares enfeitiçados) e da lenda (o retrato que vive em *O Retrato*, o feiticeiro em *A Terrível Vingança*).

Os motivos arquetípicos na prosa inicial de Gógol estão intimamente ligados a um fundo ritualístico festivo.

As representações mitológicas (fabulizadas) propriamente são formuladas claramente em nível de comparação (a imagem do caos e o tempo primordial). Os contatos dos heróis da narrativa com as forças demoníacas do mal podem acabar com a vitória (*A Feira de Sorotchinsk, A Carta Desaparecida, A Noite da Véspera de Natal*), com a derrota (*A Noite da Véspera do Dia de Ivan Kupala, Vii, O Retrato*) ou com nada (*Um Lugar Enfeitiçado*). A derrota é provocada ou pelo próprio risco do contato (*A Noite da Véspera do Dia de Ivan Kupala*), ou pela degeneração do herói (*Vii*), ou pela secreta tentação na alma (*O Retrato*). Não é casual o interesse de Gógol pelo motivo do "pacto com o diabo". O humano e o demônico se aproximam no curso da transformação dos arquétipos mitológicos, o princípio demônico penetra no homem, e por vezes os limites entre o humano e o demônico, e, correspondentemente, também entre o fantástico e o habitual se apagam (esta tendência é peculiar ao romantismo).

O arquétipo demônico nas novelas mais tardias de Gógol se transforma no simbolismo da tentação burguesa pelo dinheiro (o usurário em *O Retrato* – novela nitidamente romântica; cf. ainda as mais ingênuas buscas de tesouros nas primeiras novelas), ou no inimigo épico – de outra religião e de outra nacionalidade. Assim é o feiticeiro em *A Terrível Vingança*, e também os jnimigos dos cossacos, os "infiéis" poloneses e tártaros em *Tarás Bulba*, privados do elemento fantástico.

Se as primeiras novelas de Gógol orientam-se para o conto maravilhoso e para a lenda, em *Tarás Bulba* ele reconstrói o *epos* heroico e o arquétipo épico-heroico. Já assinalei acima o caráter de idealização do passado nesta obra: ao invés do tempo mítico primordial há a vida épica dos heróis. Nas imagens de Tarás Bulba e de outros cossacos guerreiros o caráter épico e heroico é apresentado de forma extremada – valente, propenso a superestimar suas forças, rebelde ("Bulba era terrivelmente obstinado", "todo ele fora criado para uma inquietação guerreira e se caracterizava pela franqueza áspera de seu temperamento" (II, 48, 51), incansável no ódio pelos inimigos e na lealdade à Ucrânia e à fé ortodoxa ("ele se considerava um legítimo defensor da ortodoxia", II, 51). Trata-se da Ucrânia, mas Gógol estiliza de todas as formas os guerreiros à maneira dos bogatyr's russos ortodoxos, e da assim chamada "grandiosa natureza russa" ["cossacos – o forte e divertido gênio da natureza russa [...] Beber e festejar, como só um russo é capaz [...] o caráter russo obteve aqui um poderoso e grande impulso, uma aparência de força" (II, 51)]. Idealizando este tipo de todas as maneiras, Gógol, além disso, mostra a extraordinária crueldade tanto dos guerreiros, quanto dos poloneses, como signo de uma época heroica (nas epopeias tradicionais, o ódio nacional e a crueldade são muito menores). Retratando caracteres heroicos, Gógol não se esquece também do outro lado do arquétipo heroico, a relação substancial, tanto implícita como explícita, com a sua coletividade nacional e popular. Esta relação também é demonstrada por Gógol de forma mais extremada do que nas obras épicas tradicionais, isto é, a consciência épica arquetípica é como que levada ao limite. Neste fundo Andrei, arrebatado apenas por um sentimento pessoal, "particular", é retratado não apenas como um individualista-renegado, mas como um traidor da Pátria, digno de morte. O conhecido arquétipo épico da luta do pai com o filho (os alemães Hildebrand e Hadubrand, os iranianos Rustam e Sokhrab, os heróis das bilinas russas Iliá Múromets e Sokólnik etc.) está ligado à presença casual (em virtude do casamento dislocal) dos familiares em acampamentos diferentes e ao motivo do desconhecimento mútuo, isto é, do mal-entendido. Em Gógol o assassinato consciente do filho se dá por causa do patriotismo. De modo geral o conflito da paixão individual e da função social não é próprio ao *epos*: podemos encontrá-lo também no romance de cavalaria, mas fora do tema do patriotismo.

O mundo épico dos cossacos é descrito por Gógol como "bebedeira incessante [...] a alegria frenética da festa [...] a vida em plena orgia" (II, 72-73). Desta forma, aqui se transforma o arquétipo da festa-ritual, da alegria da feira que se torna um traço distintivo do mundo épico, heroico, mas não do passado mitológico. E esta orgia festiva, que se torna um fenômeno "heroico", não se apresenta agora propriamente como caos. O caos, como cabe esperar, está entregue aos inimigos – aos "poloneses" ("a desordem e a vontade audaz dos magnatas do Estado", para os quais "o poder do rei e das opiniões dos sábios não era nada diante da desordem...", II, 198). A relação do princípio demoníaco do caos e do mal se estabelece em outro nível.

Nessas novelas pequeno-russas, aqui brevemente analisadas, a elaboração dos arquétipos está ligada à atitude com relação ao folclore, mas a abordagem do folclore prende-se às tendências nacionais e românticas na obra de Gógol. O movimento em direção a um realismo peculiar (o qual com frequência tem sido compreendido de forma um tanto simplificada) é acompanhado por um afastamento do folclore e do fantástico e pela transformação ulterior dos arquétipos.

Antes de mais nada, é necessário dizer algumas palavras sobre as obras de "transição" que se afastaram do folclore, do conto maravilhoso e do *epos*, do fantástico, mas que conservaram a temática pequeno-russa. Primeiramente são *Os Proprietários do*

Tempo de Antanho, A História da Briga de Ivan Ivânovitch com Ivan Nikíforovitch, Ivan Fiódorovitch Chponka e a sua Tia. Estas novelas se contrapõem às obras puramente românticas e folclóricas e até contém certos elementos de paródia não muito evidentes.

Em *Ivan Fiódorovitch Chponka* não há absolutamente nenhuma referência aos velhos tempos, se não levarmos em conta as observações, em tom de brincadeira e de paródia, de que Adão andava na carroça da tia e de que é incompreensível como ela tenha escapado do dilúvio. Em *Os Proprietários do Tempo de Antanho* a distância no tempo é transformada na distância no espaço ("aldeias distantes"). Na novela sobre a briga de Ivan Ivânovitch com Ivan Nikíforovitch a fórmula de intervenção sobre os tempos antigos possui um sentido paródico e irônico: "o acontecimento descrito nesta novela refere-se a tempos muitos antigos. Além disso é completamente inventada" (II, 264). Aqui não somente não aparece o fantástico demoníaco, como também evidencia-se sua ausência. Em *Os Proprietários do Tempo de Antanho* é dito claramente que "a vida de seus modestos proprietários é tão calma, tão calma que [...] pensa-se que as paixões, os desejos e os filhos inquietos do espírito do mal, que provocam o mundo, não existem de modo algum" (II, 10). Na novela sobre a briga o diabo é mencionado somente na conversa e apenas por Ivan Nikíforovitch, e até isso perturba e provoca a aversão de Ivan Ivânovitch. Aqui a alcunha ganso é o auge do "demonismo". Em *A Feira de Sorotchinsk* o diabólico aparece sob a forma de um focinho de porco; na novela sobre a briga o porco rouba o documento do tribunal, o que em si mesmo admite uma ideia paródica e marca a passagem ao fantástico da prosa da vida corriqueira. Na novela sobre Ivan Fiódorovitch em lugar da bruxa encontramos apenas uma tia enérgica e masculinizada, mas o elemento mais "demônico" da narrativa é o sonho do herói, no qual ele vê, aterrorizado, as "mulheres" com rostos de gansos.

Cabe assinalar que em certa medida também encontramos as marcas do "fantástico-demoníaco", bem conhecido nas primeiras novelas de Gógol, mas aqui extremamente simplificado, orientado para o grotesco e levado até o absurdo do "fantástico--demoníaco".

O caráter guerreiro e épico não só desaparece dessas novelas, mas também, ao desaparecer, deixa marcas da paródia. O oficial Ivan Fiódorovitch apressa-se em obter uma licença, fica tímido diante das moças e absolutamente aterrorizado com a perspectiva de se casar. Diante de sua tia também outros homens se intimidam. Em *Os Proprietários do Tempo de Antanho*, o calmo Afanássi Ivânovitch não só por brincadeira assusta Pulkhéria Ivanova com as suas conversas sobre ir à guerra levando consigo o "sabre ou a lança do cossaco". Na realidade a "vida modesta" deles é a apoteose de um mundo idílico, e contrapõe-se absolutamente à atmosfera de *Tarás Bulba* ou *A Terrível Vingança*. Sob esse aspecto vale comparar o infinito banquete e o caráter grandioso da natureza dos cossacos em *Tarás Bulba* com o amor ingênuo dos proprietários do tempo de antanho pela comida. A proposta de Ivan Ivánovitch feita a Ivan Nikíforovitch de trocar a espingarda serve de paralelo às brincadeiras de Afanássi Ivânovitch a propósito do sabre e da lança. À pergunta – para quê?, ele responde: "... e se acontecer de disparar?" – "... quando então você vai disparar? Será que com a segunda vinda do Cristo" – surpreende-se Ivan Nikíforovitch. "Ou quando a casa for assaltada por ladrões..." (II, 278).

A própria briga de dois amigos e a luta sem sentido entre eles por meio de denúncias e queixas podem ser interpretadas não apenas como retratos do cotidiano, mas também como uma paródia de guerras épicas. A insensatez da oposição entre eles está assinalada pela pouca importância de suas diferenças: um é falante, alto, tem cabeça em forma de rábano com o rabo virado para baixo, olhos grandes e se barbeia duas vezes por semana, gosta de falar com os mendigos na igreja (um "homem piedoso"), e o outro é calado, gordo, tem cabeça de rábano com o rabo para cima, olhos pequenos, barbeia-se uma vez por semana e é capaz de se referir ao diabo. A falsa piedade de um e a falsa blasfêmia do outro também podem ser interpretadas como uma contraposição paródica da virtude cristã sobre o "demonismo". Aos acontecimentos fantásticos e especialmente épicos em *Os Proprietários do Tempo de Antanho* contrapõe-se a falta idílica de acontecimentos, mas na novela sobre a briga a presença de acontecimentos é falsa e absurda. Ambas as novelas encontram-se como que numa relação de "distribuição complementar". Na novela sobre Ivan Fiódorovitch Chponka os acontecimentos não conseguem começar. Em parte também por causa disso "há tanto tédio neste mundo, senhores" (II, 331). A falta de acontecimentos conduz em certa medida à falta de enredo, ao predomínio cada vez maior das descrições de costumes sobre a ação e ao afastamento cada vez maior dos arquétipos do enredo por conta da sua transformação no seu contrário.

Ao tratarmos das novelas petersburguesas de Gógol, é necessário mencionar mais um arquétipo que Gógol, possivelmente de modo inconsciente, utiliza em sua obra. Trata-se da contraposição metafórica tradicional do sul abençoado ao norte demoníaco. A oposição sul-norte realiza-se em Gógol como um contraste entre a Itália (provinciana, que está em ruínas, mas que conserva sua antiga beleza e seu calor interior) e Paris (atolada nas vaidades da moda, no cotidiano burguês, no radicalismo político superficial) ou entre a pequena Rússia patriarcal e fabulosa (que, como se sabe, o próprio Gógol associava sob esse aspecto com a Itália) e a Petersburgo fria e burocrática [cf. Meletínski, 1976, 283]. Em *Os Proprietários do Tempo de Antanho* o autor, entre outras coisas, contrapõe os seus "modestos proprietários" "àqueles primitivos habitantes da pequena Rússia", que vão a Petersburgo, "infestam, como gafanhotos, as câmaras e as repartições públicas", "acumulam capital", "fazem queixas" (II, 12).

Nas novelas petersburguesas o tema do norte, do frio, do vento é aproveitado de todas as maneiras. Por exemplo: "tudo está úmido, pálido, cinzento, nebuloso", "o culpado é o clima de Petersburgo" (III, 17, 174); "o nosso frio do norte" (III, 182); "o vento, como é hábito em Petersburgo, soprava de todos os lados" (III, 210); "incolor como Petersburgo" (III, 41); "o interesse mercantil que envolve toda Petersburgo" (III, 7); cf. também em *Almas Mortas:* Petersburgo "fruto do norte ... nevasca-bruxa" (IV, 372). Na base desse contraste, em princípio arquetípico, orienta-se o movimento dos contos da "pequena Rússia" para os contos petersburgueses, mais precisamente para as novelas petersburguesas.

O fantástico nos contos petersburgueses ocupa um lugar extremamente modesto, perde os seus traços arquetípicos e transforma-se fundamentalmente num fantástico da prosa de costumes como nos românticos alemães, apesar de seu tom especial. Já mencionei o conto *O Retrato*, onde o retrato do usurário que se torna vivo é símbolo do poder do dinheiro sobre as almas dos indivíduos, desligados há muito tempo do terreno popular. Em *A Avenida Niévski* trata-se, por um lado, do demonismo metafórico da cidade ("Oh! Não acredite nesta Avenida Niévski! [...] o próprio demônio acende as luzes só para mostrar tudo sob um aspecto falso", III, 56-57), e por outro lado, trata-se da fantasia subjetiva do pintor Piskariov que vê a mais sublime beleza na pobre prostituta. Em *O Diário de um Louco* diante de nós aparece a fantasia da loucura, sendo que esta fantasia já não é arquetípica, mas simplesmente uma modificação sonhadora compensatória da vida real. Se no conto popular o herói, "que não promete muito", frequentemente humilde, é recompensado por uma transição real para um *status* social mais elevado (e na base disso está, sem dúvida, o fantástico compensatório), já em *O Diário de um Louco*

144 ❦ E. M. MELETÍNSKI

a compensação é falsa, subjetiva, doentia. Em o célebre *O Capote* o epílogo fantástico ("a nossa pobre história assume inesperadamente um final fantástico", III, 217) é também uma compensação ilusória da tragédia real, social e de costumes.

Apenas na novela anedótica *O Nariz* pode-se desvendar alguns elementos arquetípicos: nos mitos mais arcaicos o herói cultural-*trickster* pode separar uma parte de seu corpo e encarregá-la de qualquer tarefa. Assim, o corvo paleoasiático faz da sua cabeça separada o seu agente, o seu membro sexual etc. [cf. Meletínski, 1979]. A coexistência do herói cultural e do *trickster* numa única personalidade ou no aspecto de dois irmãos é a mais antiga forma de duplicidade. Nesta base surgiram formas mais tardias de duplicidade, exploradas amplamente em particular na literatura do romantismo alemão (em Chamisso, Hoffman e outros). Sem dúvida, também podem ser acrescentadas aqui as anedotas sobre narizes, reunidas e enumeradas em pormenores por V. V. Vinográdov. Eu compartilho da mesma opinião de A. Stender-Petersen e considero que *O Nariz* de Gógol é uma paródia consciente das novelas românticas sobre duplos. É evidente que isto não exclui a orientação do motivo do absurdo gogoliano para a ridicularização da convencionalidade sufocante do funcionário público (e aqui existe uma relação com o procedimento preferido de Gógol: descrever as pessoas através de partes de seu corpo, das suas roupas etc., através da metonímia e com o auxílio da sinédoque).

Posso acrescentar a isto que a situação arquetípica, quando uma parte do corpo do Corvo cumpre as suas tarefas e se submete completamente a ele, está aqui totalmente revirada e passou para o seu contrário (veja acima sobre os enredos "de transição"): o nariz não apenas não depende de Kovaliov, mas ultrapassa-o na ordem hierárquica de funcionário. É claro que se trata não da parodização consciente dos mitos sobre heróis culturais (Gógol conscientemente parodia as novelas românticas sobre duplos), mas apenas do processo objetivo da transformação. O princípio demônico – por brincadeira ou a sério – é transferido para o dia a dia e para a realidade social: as esquinas escuras do cotidiano petersburguês, os contatos com prostíbulos, com alemães artesãos, a insensibilidade e a arbitrariedade dos altos funcionários etc. Expressando-se por convenção, a "cosmicização" deste caos social, como já mencionamos, é puramente ilusória.

Em *Almas Mortas* todas as categorias arquetípicas estão transferidas para o solo, pode-se dizer, real da vida russa. Esta realidade apresenta-se sob certo sentido degradada: "Na Rus' já começam a desaparecer os bogatyr's" [Gógol, v, 24], mas há o sonho poético e a esperança de sua ressurreição. Como imagem paródica muito peculiar de "bogatyr'" aparece o "camponês rico" Sobakévitch, que parece um urso. Murazov se refere a Tchítchikov como um bogatyr' falido (iv, 512). Uma vez que a época dos bogatyr's encontra-se no passado, segundo o escritor já não se podem descrever os caracteres épicos: "é muito mais fácil representar caracteres de grande dimensão" (iv, 33) e até simplesmente um "homem de virtudes" (iv, 319).

Gógol se queixa do destino do escritor, "que ousa revelar tudo o que a cada momento se passa diante de nossos olhos, todo esse lodo terrível e impressionante de ninharias que rodeia a nossa vida, toda a profundeza dos caracteres frios do cotidiano que fervilham em nosso caminho por vezes amargo e aborrecido" (iv, 140). Quando as senhoras encontram em Tchítchikov "alguma coisa marcial e militar" (iv, 236), isto, em certa medida, pode ser comparado com o sabre e a lança de Afanássi Ivánovitch e a espingarda de Ivan Ivânovitch. Em Tchítchikov, desde o início, destaca-se um homem médio ("nem jovem, nem velho, nem gordo, nem magro" e etc.), apesar de que posteriormente ele também se revele um "patife" ("grande vigarista", iv, 112;

"patife descarado", IV, 320; "filho do diabo", IV, 112; "diabo e não homem", IV, 333). Mas o seu "demonismo" (sobre o qual falarei mais adiante) apoia-se naquele caos social e econômico que reina no mundo. O caos em *Almas Mortas* está como que desmitologizado por completo, o acento recai, em particular, na falta do elemento econômico. Sob esse aspecto descreve-se a economia doméstica de Manílov, Plíuchkin, Tentiênikov, Khlobúiov. A devastação, o absurdo existencial da maioria deles é também uma manifestação do caos. "Alguma coisa de terrível surgia nesta carência de tudo" (IV, 329). O caos e o vazio geram este demonismo da vida cotidiana. A desordem generalizada, a falsa atividade dos funcionários também possibilitam a aventura de Tchítchikov com as "almas mortas".

Como se sabe, a noção de "almas mortas" se refere não apenas aos camponeses mortos, mas antes de mais nada a todos os russos vivos. E estas palavras não por acaso possuem uma coloração demônica e até ctônica. O lutador diante do caos se revela exatamente como um homem que introduz a ordem cósmica e criativa na atividade econômica. Na imagem de Konstanjoglo – russo de alma, mas que "não é nada russo" (IV, 459) pela sua origem (lembremos o sul abençoado) podemos ver como que uma variante contemporânea do antigo herói cultural, criador e benfeitor da humanidade. Cabe salientar o paradoxo brincalhão de Gógol – "chamam-no feiticeiro" (tão incríveis são os seus feitos, IV, 455), mas um certo chefe de chancelaria chamam de Prometeu (IV, 72). A ele se contrapõe tanto todas essas "almas mortas", como também o astuto Tchítchikov que sonha fazer fortuna com as suas trapaças. Tchítchikov segundo sua compleição psicológica não é caótico, diferentemente de muitos outros personagens, mas, ao contrário, ele é organizado, calculista, paciente etc., mas é justamente o caos que constitui o campo de sua ação.

Não resta dúvida de que Tchítchikov é o tipo do trapaceiro e que em *Almas Mortas* dentre os seus componentes de gênero e de suas fontes aparece o romance de trapaça com seus antecessores russos (Naréjni, Bulgárin) e estrangeiros. Mas o romance de trapaça, por sua vez, remonta ao tipo arcaico da narrativa mitológica sobre o trapaceiro-*trickster*, que é uma variante negativa ou um antípoda do "herói cultural".

Tchítchikov está mais próximo à formação posterior do impostor que trapaceia através do cálculo, que pratica a malandragem como uma variante da atividade normal "burguesa". "O mais justo seria chamá-lo de proprietário, comprador" (IV, 348). Assim como qualquer Moll Flanders do romance de Defoe, Tchítchikov já não é marginal, diferentemente do pícaro espanhol. Ele constitui um membro normal da sociedade, e parece a todos um modelo de lealdade. Somente depois dos rumores espalhados por Nosdriov e Korobotchka surgem suposições sobre ele de toda espécie, como bandido, espião, raptor da filha do governador, capitão Kopeikin (o tipo do bandido "nobre" que se vinga de ofensas; cf. Bachmátchkin no final fantástico de *O Capote*, ou Dubróvski de Púchkin etc.).

Ademais, Tchítchikov tem em comum com o pícaro espanhol, em particular, o fato de ele ser um "homem sem linhagem e sem família" (IV, 52), de que sua origem é "obscura e modesta" e que "a vida desde o início olhou para ele com ar azedo e inóspito" (IV, 321), e de que sua malandragem foi causada por suas necessidades materiais ("desviou quando viu que o caminho reto não servia", IV, 507) e que seus primeiros atos de malandragem tinham sido ainda muito ingênuos. Mas com tudo isso é precisamente Tchítchikov o portador mais importante do princípio demônico em *Almas Mortas*. Rapidamente "o terrível verme cresceu dentro dele" (V, 348); "o maldito satanás seduziu-o [...] tentou o esperto satanás" (IV, 505-506); "o satanás desviou do caminho, o diabo fruto do inferno" (IV, 511), mas ele mesmo já está penetrado por um certo demonismo. Até mesmo o seu fraque "chamuscado com fumo" (IV, 499) tem algo de demoníaco.

Vamos nos deter agora na descrição paradoxal da chegada de Tchítchikov à propriedade de Korobotchka. À primeira vista parece que o próprio Tchítchikov é aqui uma vítima que por acaso foi parar num lugar demoníaco. Prova disso é o fato de ele ter se perdido no meio da noite e da tempestade, e também de esta visita, com efeito, ter se revelado fatal para ele, assim como justamente a Korobotchka ter espalhado o segredo da compra das "almas mortas". A velha parecia poder tornar-se uma bruxa (A. I. Ivânitski está muito próximo de tal comparação). Tchítchikov até mesmo acha, em dado momento, que na casa de Korobotchka "parecia ter um quarto inteiro cheio de cobras" (IV, 64). No entanto, verifica-se que a velha é piedosa, que ainda "três dias atrás ela sonhou com o maldito" (IV, 77), que ela se assustou com a chegada de Tchítchikov ("chegou, Deus sabe lá de onde, e ainda por cima à noite", IV, 74) e que no início da conversa sobre as "almas mortas" Tchítchikov "lhe prometeu o diabo" (IV, 77).

É assim que há toda uma reviravolta na situação arquetípica. A trapaça e o demonismo, de modo geral, estão ligados agora a um arquétipo mais primordial, à figura mitológica do *trickster*.

Cabe sublinhar que ao lado do trapaceiro de formação mais tardia, o trapaceiro-negociante Tchítchikov, *Almas Mortas* conhece ainda um outro trapaceiro – uma espécie de *trickster* – um pouco mais arcaico. Tenho em mente Nosdrióv, mentiroso, jogador e trapaceiro nas cartas, que gosta de desfazer casamentos, e gosta de negociatas – um desordeiro e um brigão. Sua paixão especial de trocar-cambiar o tempo todo é também uma característica do *trickster* e muito faz lembrar alguns atos do *trickster* muito arcaico, como, por exemplo, Loki, na epopeia escandinava, que serve de mediador entre várias categorias de seres mitológicos. As ações tanto de um como do outro contribuem para a circulação das coisas no mundo (ainda que em Nosdrióv ela esteja limitada à sua imaginação). Provavelmente, não é por acaso que Nosdrióv possui um lobinho – um animal demoníaco (cf. o filho de Loki, que é o lobo Fenrir).

Diferentemente de Tchítchikov, mas em parte como seu antípoda, Nosdrióv, sem dúvida, representa o princípio do caos. Cabe salientar que também o herói principal de *O Inspetor Geral* Khlestakov é muito semelhante ao tipo do *trickster*.

* * *

A trajetória criativa de Gógol reproduz em certa medida, quanto ao seu aspecto "ontogenético", a trajetória da transformação dos arquétipos de mito e contos maravilhosos em *epos* e de *epos* em cotidiano social, novela e romance da Idade Moderna. Esse itinerário restringe naturalmente o cômico ao social e ao individual e, ao mesmo tempo, fixa a desagregação da comunidade "épica" das pessoas, e não só a separação, mas também o isolamento do indivíduo, que se apresenta na etapa derradeira sob a figura do "homem sem importância"[7] – da vítima solitária do frio e cruel *socium*.

Dostoiévski, ao dar continuidade à linha gogoliana, começa onde Gógol parou. Mas a evolução ulterior de sua criação para um novo arco da espiral como que amplia novamente a envergadura e ressuscita velhos arquétipos até à luta fundamental do cosmos contra o caos, porém sem o invólucro maravilhoso-mitológico.

A semelhança entre as primeiras obras de Dostoiévski e as últimas de Gógol salta aos olhos: Akáki Akákevitch Bachmá-

---

7. Em russo, маленький человек, literalmente "homem pequeno"; expressão criada pela crítica russa para designar, em oposição ao aristocrata e ao nobre, o homem sem importância, o homem comum, quando de sua utilização como personagem literária.

tchkin de *O Capote* revive no herói de *Gente Pobre*, Kovaliov de *O Nariz*, que foi ultrapassado em patente por seu duplo, renasce em *O Sósia* de Dostoiévski, sendo que como protótipo de Goliádkin revela-se não apenas Kovaliov, mas também em larga medida o Popríchtchin de *O Diário de um Louco*; o feiticeiro de *A Terrível Vingança* ressurge no velho-crente demônico de *A Senhoria* de Dostoiévski, e aqui encontramos ainda Pískariev de *A Avenida Niévski* transfigurado na personagem do sonhador Ordínov.

Aquilo que Dostoiévski traz da herança gogoliana nos primeiros tempos afasta ainda mais seu mundo artístico das raízes arquetípicas, porque Dostoiévski, antes de mais nada, aprofunda psicologicamente a problemática de Gógol e as representações dos "homens sem importância" gogolianos. Além disso, nós nos deparamos não só com o reflexo da humilhação social como também com a alienação na alma do herói. Desse modo, supera-se o conhecido "marionetismo" dos tipos gogolianos, que coincidem com suas próprias "máscaras". Afora isso, os próprios conflitos sociais, a luta do bem e do mal, e na perspectiva da obra mais tardia de Dostoiévski, a luta do cosmos contra o caos transportam-se para a profundeza da alma humana, dando origem ao "subsolo" psicológico. *O Nariz* de Gógol, como se observou, é essencialmente uma paródia do motivo romântico dos duplos (cf. a perda do nariz com a perda da sombra de Chlemilem em Chamisso), e a graça principal do conto de Gógol reside no fato de que uma pequena parte do corpo do herói, insignificante e puramente material, pode não apenas separar-se dele, mas até mesmo ultrapassá-lo quanto à patente, o que realça o convencionalismo da escala hierárquica. Em Dostoiévski, o Goliádkin-mais-moço, isto é, o sósia, também ultrapassa o Goliádkin-mais-velho na carreira, substituindo-o por isso em toda parte e exercendo interinamente seu cargo, mas isso não é tudo.

Na realidade, *O Sósia* de Dostoiévski encontra-se um pouco mais próximo tanto do motivo romântico como do arquétipo tradicional. Em primeiro lugar, trata-se, em Dostoiévski, não da perda enquanto tal, mas antes da aquisição inesperada e indesejada de um duplo, que se traduz na "multiplicação" dos Goliádkin, e, consequentemente, no nivelamento e nesse sentido também na "substituição" e na perda da própria personalidade. O assustado Goliádkin sonha com "uma multidão de semelhantes", uma outra vez tem a impressão de ver uma profusão de Goliádkin. O cocheiro recusa-se a transportar "os semelhantes". O criado Petruchka fala que "as pessoas de bem vivem sem falsificações e jamais aparecem em dobro" (Dostoiévski, I, 180). Na realidade, a própria ideia de perda da personalidade é expressa na ideia fixa de Goliádkin sobre "a substituição". Ele sonha "destruir a substituição impudente e não autorizada" (I, 213). Ele se contrapõe, enquanto "o verdadeiro e inocente senhor Goliádkin", ao outro, "o vil e falso senhor Goliádkin" (I, 186). Ele deseja salvar sua personalidade, separando-se, destacando-se do sósia: "Ou o senhor, ou eu, mas ambos ao mesmo tempo é impossível" (I, 188), "ele por si, e eu também por mim" (I, 213). O segredo, entretanto, reside no fato de que, no fundo, o sósia não constitui um "apêndice" de Goliádkin, mas é uma criação interior dele, um fruto de sua consciência. O Goliádkin-mais-moço é uma "sombra" dele, porém não na acepção de Chamisso, mas na de Jung, ou seja, um certo segundo "eu" subconsciente e demônico (v. acima a interpretação de Jung a respeito do Loki dos *Edda*).

Repartido nos traços de um finório zombeteiro e triunfante, o Goliádkin-mais-moço realmente lembra um pouco o impostor demônico. Entretanto, enquanto o *trickster* na realidade (em parte contrariamente à opinião de Jung) é antes pré-pessoal, o sósia em Dostoiévski é uma criação profundamente pessoal, psicológica e, sobretudo, característica do "homem do subsolo", Goliádkin com seu doentio amor-próprio de homem "sem importância", "um farrapo com ambições" (1, 168), representa sem dúvida um precursor do "homem do subsolo". É digno de atenção que Goliádkin pretenda por todos os meios ser dotado "tão somente de um caráter reto e franco e de um juízo saudável", não se ocupar de "intrigas", andar "sem máscara" (1, 222), e sinta seu segundo "eu" subconsciente como uma criatura alheia, estranha, aposta, hostil. Note-se também que nos rascunhos de Dostoiévski os sonhos de Goliádkin de tornar-se Napoleão, Péricles etc., penetram na esfera lúcida de sua consciência (cf. com o Popríchtchin de Gógol, que se imagina um rei espanhol; cf. na obra posterior de Dostoiévski com o sonho de Raskólnikov de ser não "um canalha tremebundo", mas semelhante a Napoleão). O próprio Goliádkin encara sua bipartição como um "sortilégio e nada mais!" (1, 186), como resultado da ação de uma "força impura" (1, 188), apesar de como médico reconhecer a loucura.

Desse modo, em *O Sósia*, Dostoiévski psicologiza e aprofunda não só as figuras de algumas personagens gogolianas, mas o próprio arquétipo tradicional da dupla natureza (herói cultural--*trickster*) dos primeiros heróis literário-mitológicos, que recebem agora uma iluminação proveniente das profundezas da alma, ainda desconhecidas no arcaico literário. O antiquíssimo arquétipo do duplo revela-se extremamente enriquecido. Esse enriquecimento prossegue nas obras mais tardias de Dostoiévski (Raskólnikov-Svidrigáilov, Stavróguin-Verkhoviênski, Ivan Karamázov-Smerdiákov, Ivan Karamázov e o diabo). Em Dostoiévski multiplicam-se de modo concomitante os tipos de duplos e alastra-se a luta de contradições na alma do homem isolado, sendo que tais contradições, esta luta do bem e do mal, permanecendo no âmbito da alma individual, possuem a tendência de crescer simultaneamente não só até atingir proporções sociais, nacionais, mas também cósmicas.

OS ARQUÉTIPOS LITERÁRIOS ❧ 153

Em *O Sósia* as intrigas reais e as imaginárias, das quais Goliádkin torna-se vítima, são apresentadas, desse modo, em parte como resultado de sua humilhação social, mas principalmente como fruto de sua consciência e fantasia subconsciente. Em *A Senhoria*, pelo contrário, o triângulo amoroso não se reduz às contradições espirituais, mas modela (em certa medida, subentende-se, por meio da simbólica) o drama no cosmos nacional. Nisso a atitude de Dostoiévski coincide com outra parcela da herança gogoliana, não com as novelas petersburguesas, mas com o *epos*-maravilhoso de *A Terrível Vingança*. Marcada com linha pontilhada em *A Senhoria*, essa escala do cosmos nacional "russo" será elaborada posteriormente por Dostoiévski muito a fundo. O herói-sonhador na luta pela "filha do czar", que simboliza o espírito nacional russo, pecaminoso, psiquicamente desequilibrado, mas que aspira ao bem, não tem condições de arrancá-la dos braços do velho-crente depravado, do demônico portador do mal, identificado com o feiticeiro malvado, semelhante ao inimigo da ortodoxia, o qual em *A Terrível Vingança* de Gógol destaca-se como o gênio do mal universal.

Em *Humilhados e Ofendidos*, onde os pobres e os puros de coração são vítimas de um sujeito impiedoso e feroz das classes superiores, a colisão desenvolve-se na clave sentimental e no nível puramente social; aqui a tradição arquetípica é atenuada.

Memórias do Subsolo propõem o "mitologema" fundamental de Dostoiévski, um mitologema no sentido figurado, naturalmente, tendo em vista uma mitologia de criação pessoal de Dostoiévski. No âmbito da problemática arquetípica que nos interessa, cumpre ressaltar que nessa obra delineia-se nitidamente a fórmula de luta das forças do Cosmos e do Caos, que é conduzida no domínio da alma humana isolada. Torna-se premissa necessária o caráter específico da maioria das personagens dostoievskianas, caráter este que, com certo esforço, pode ser chamado justamente de caráter "do subsolo".

Por não ser paradoxal, esse caráter não representa tradicionalmente o bem ou o mal. "Não sou apenas mau, mas também não soube tornar-me coisa alguma: nem mau, nem bom, nem canalha, nem honrado, nem herói, nem inseto" [Dostoiévski, v, 100]. Tal caráter é necessário para que a alma se torne a arena da luta do bem e do mal, do cosmos e do caos. Sem dúvida, o meio social fornece o impulso a essa luta, gerando humilhações, ressentimentos e devaneios compensatórios (o que se demonstra com bastante evidência), mas Dostoiévski com insistência cada vez maior desloca o acento do meio (contra a fórmula "a vítima é produto do meio") para o mundo interior do homem, onde em todas as circunstâncias a consciência e o amor ao próximo são capazes ou não de vencer a tendência caótico-demônica do indivíduo. O herói da novela *Memórias do Subsolo* diz de si: "eu sentia que eles não paravam de fervilhar dentro de mim, esses elementos opostos" (v, 100), "que capacidade para os sentimentos mais contraditórios!" (v, 127) – essas contradições chegam ao deleite com o sofrimento, à mistura do amor e do ódio etc.

O herói das *Memórias* assinala um rompimento entre a consciência do belo, do elevado e os atos baixos, os quais são governados "pela obstinação e pelo arbítrio" (v, 110), "por sua própria fantasia"; a última parece ser "um proveito não aproveitado" (v, 113). Há uma tendência de separar os polos até o limite: "Ou herói, ou calhorda, o meio-termo não existe" (v, 133). Essa separação da consciência podia ser a origem da "duplicidade". E tornou-se isso mesmo tanto em *O Sósia* como em alguns romances posteriores, porém esse motivo não foi desenvolvido nas *Memórias do Subsolo*.

É de importância capital para os nossos objetivos frisar que o polo "baixo" da consciência do herói evidencia-se como caos: "O homem gosta de criar e abrir caminhos, isto não se discute. Mas por que então gosta terrivelmente também da destruição e do caos?" (v, 118); "o homem jamais renuncia ao verdadeiro sofrimento, ou seja, à destruição e ao caos" (v, 119). "Criar e abrir caminhos" remetem ao cosmos, isto é, à criação e à ordenação, àquilo de que se ocupa no mito o "herói cultural". "A destruição e o caos" remetem àquilo que encarnavam/personificavam no mito os monstros ctônicos e àquilo que – à sua própria maneira – juntava-se à variante negativa do "herói cultural", isto é, o *trickster* ou o anti-herói. Assim como o homem do subsolo, "somente levava em minha vida ao extremo o que vocês (ou seja, os outros – *E. M.*) não ousavam levar sequer até a metade" (v, 178), e caminhava para o polo baixo ("sou um canalha, um patife, um egoísta, um preguiçoso", v, 174), também nele, como reconhece o autor com suas próprias palavras, "estão reunidos todos os traços do anti-herói" (v, 178). Em todas as obras em que a antiga imagem do *trickster* (justamente como a variante negativa do herói cultural, como seu polo negativo, como o anti-herói) é enriquecida, psicologizada, aprofundada e reduzida ao "homem do subsolo", atinge uma precisão que eu gostaria de chamar de "arquetípica". É admirável aqui também a compreensão dessa ligação do demônico e do cômico, compreensão que está contida na imagem do *trickster* (cf.: "o homem é construído de modo cômico", v, 119). Além disso, a compreensão do arquétipo correspondente que tem Dostoiévski nessa obra (sem falar de algumas outras) aproxima-se das interpretações de Jung, que se referem ao inconsciente coletivo, à "sombra" etc.

Ao que foi dito sobre a arquetipicidade do "homem do subsolo" deve-se acrescentar que Dostoiévski entende aqui a criação, a cosmicização não como uma atividade racional, logicizada, não do modo iluminista (apesar da ironia dos iluministas, não tanto de Voltaire, quanto de Diderot em *O Sobrinho de Rameau* e de Rousseau em suas *Confissões*, antecipa, no meu entender, *Memórias do Subsolo*). "Desejo viver para satisfazer toda a minha capacidade de viver, e não para satisfazer apenas minha capacidade racional" (v, 115), "pois dois e dois são quatro já não é a vida, senhores, mas é o começo da morte" (v, 118-119). E continua a perorar "a vida viva". Aqui Dostoiévski une-se plenamente ao seu herói. "Por falta de hábito, fui esmagado pela 'vida viva'" (v, 176), diz o "homem do subsolo" quando o amor tenta irromper em sua existência. O "homem do subsolo" rejeita igualmente tanto a "aritmética" (v, 105), quanto "todos esses arrependimentos, todas essas comoções, todas essas promessas de regeneração" (v, 107).

Nos romances seguintes às *Memórias do Subsolo*, Dostoiévski trata a criação e a cosmicização dentro do espírito religioso cristão.

Transferindo a luta arquetípica do cosmos e do caos para o interior da personalidade humana, Dostoiévski concebeu. "A vida do grande pecador" que, na tentativa de uma vida própria, superou em si o princípio demônico, desarmônico e chegou ao bem e à harmonia. I. M. Lotman, que em geral considera que o romance russo se orienta para o mito, enquanto o ocidental se orienta para o conto maravilhoso, escreve que

esse tema vai até os mitos do pecador que chega ao apogeu do crime e após uma crise moral torna-se santo (Andrei Krítski, papa Gregório e outros), e até os da morte do herói, sua descida ao Inferno e novo renascimento. O estereótipo do tema é proposto aqui por Gógol no segundo volume de *Almas Mortas*. Tchítchikov, atingindo as raias do crime, vai parar na Sibéria (que desempenha o papel do momento mitológico "morte-descida ao inferno") e passa pela ressurreição e pela transfiguração [Lotman, 1988, 338-339].

Lotman menciona não apenas Raskólnikov e Mítia Karamázov, mas também os heróis de Tolstói, Nekhliúdov e Bezúkhov. Somente Turguêniev, em sua opinião, rejeita este esquema.

No entanto, em seus grandes romances, associados de um modo ou de outro com essa ideia, Dostoiévski (como também

Gógol) não conseguiu retratar esse processo de harmonização (comparável ao processo de "individuação" junguiana, que supera o caos do inconsciente coletivo) em tempo. Ou a clareza, isto é, a ordenação, ou, num termo mais apropriado, a "cosmicização" (termo conveniente, uma vez que se trata também da harmonização das relações do herói com o mundo), permanecia uma certa perspectiva possível (Raskólnikov, Mítia Karamázov), ou o "pecado" era de se esperar em algum lugar no futuro (Aliocha Karamázov), ou, incapaz de uma reestruturação interna, o herói "despedaçava-se" num absoluto beco sem saída (Stavróguin, Ivan Karamázov), ou evidentemente a avaliação positiva/negativa não variava do começo ao fim (Míchkin, de um lado, Svidrigáilov, Piotr Verkhoviênski, Smerdiákov, de outro). O desenvolvimento biográfico-existencial não tinha êxito, e, na base, a oposição bem e mal, em termos apropriados, permanecia "espacial" (mais exatamente, "aguçada"), principalmente nas almas dos indivíduos isolados, mas também no mundo (a última teve êxito sobretudo em *Os Demônios*). No caso descrito, desnudava-se o modelo arquetípico enriquecido da eterna luta do cosmos e do caos.

Crime e Castigo constitui o primeiro do ciclo dos grandes romances de Dostoiévski. I. M. Lotman liga o herói principal desta obra, Raskólnikov, não só ao tipo do pecador que se arrepende, mas também a um certo elo de desenvolvimento do arquétipo, que reúne numa personagem e no par relativo o *"gentleman"* e o "bandido", que remonta, em suma, ao "lobisomem" e aos "gêmeos-sósias mitológicos" [cf. Lotman, 1988,251]. Lotman descobre esse arquétipo em Walter Scott, Balzac (Rastignac-Votrin), Hugo, Dickens, no próprio Tchítchikov de Gógol e sobretudo no capitão Kopiéikin, nos puchkinianos Dubróvski, Hermann (Lotman insiste numa ligação direta entre Raskólnikov, Tchítchikov, Hermann; a ligação com Tchítchikov nesse plano nos parece duvidosa), no par Griniov-Chvábrin, nos projetos puchkinianos do

Romance nas Águas do Cáucaso e de *O Pelem Russo*, possivelmente até na continuação não realizada de *Evguêni Oniéguin*. Desse modo, Lotman sonda a base arquetípica das imagens de Raskólnikov, e de outros heróis da literatura russa e até uma ligação distante com o velho motivo dos "sósias externos" (dos gêmeos) e da "dualidade interna" (dessa última já tratamos parcialmente acima). Frisamos que I. M. Lotman vê em Hermann e em Raskólnikov a figura transformada do herói-egoísta [Lotman, 1988, 335].

Outros estudiosos comparavam Raskólnikov com Hamlet, com Fausto, com o Julien Sorel de Stendhal e novamente com os heróis românticos de Byron (Corsário, Lara, Manfred), de Node (Jean Sbogar), de Liérmontov (O Demônio, Vadin, Petchórin) etc. No plano da correlação de Raskólnikov com os heróis românticos é conveniente reportar as palavras de Dostoiévski dos materiais preparatórios para o romance: "Nenhuma frieza e desencantamento, nada, posto em movimento por Byron" [Dostoiévski, vii, 158]. Na figura de Raskólnikov são rejeitados tanto as personagens byronianas, como o "homem supérfluo", o "bandido bem-nascido", o "homem sem importância" que protesta contra a injustiça social, cujo tipo o próprio Dostoiévski retratava anteriormente. A todas essas tradições, apontadas acima, ele aparenta Raskólnikov, sobretudo no que diz respeito à combinação do herói e do anti-herói numa única personagem e ao deslocamento para o interior da alma humana da luta do bem-cosmos e do mal-caos.

Certamente, Dostoiévski não ignora a oposição do bem e do mal, do cosmos e do caos na própria realidade social (de um lado, a "velhota má" e, de outro, as "novas forças jovens", a "dedicação a toda humanidade e à causa comum", vi, 54) e compreende bem o significado dos impulsos externos e dos pretextos ("Sim, eu fiquei com raiva e não quis"; "tetos baixos e cômodos pequenos apequenam a alma e a inteligência!", vi, 320; "Juntem a isto a irritação da fome, do apartamento apertado, dos andrajos, da forte consciência da beleza de sua própria posição social", vi, 378).

Entretanto, é dada prioridade ao interior. As próprias pessoas são a origem do caos social: "Mas o homem harmônico, é verdade, praticamente não existe" (vi, 174); "Os russos são grandes homens [...] grandes como sua terra e extremamente propensos ao fantástico, ao desordenado" (vi, 378). A "grandeza" admite a possibilidade das contradições e da luta na alma do indivíduo. Raskólnikov "sentia em todo o seu ser uma desordem terrível" (vi, 75), ou seja, o caos. Ele, assim como o "homem do subsolo", abriga em sua alma as oposições: "dois caracteres opostos alternam-se nele um após o outro", ele, por um lado, é "macambúzio, soturno, arrogante e orgulhoso [...] desconfiado e hipocondríaco", "cheio de fantasias e [...] de caprichos", por outro lado é "generoso e bom" (vi, 165-166).

Como se sabe, o assassínio da velhota-usurária, que foi perpetrado por Raskólnikov para ajudar a mãe e a irmã, tem essa motivação deslocada para um segundo plano, pois surge outra "motivação", a motivação em prol da ideia ("aqui são sonhos livrescos", vi, 348), em prol da verificação da "teoria" do direito do forte ao crime para a obtenção de algum objetivo grandioso. E não é por acaso que Svidrigáilov lhe diz: "Você é um Schiller, um idealista". Aqui é lembrado involuntariamente Karl Muhr, o "bandido bem-nascido" de Schiller, que aspira a consertar o mundo, valendo-se de ilegalidades. Desse modo, Raskólnikov apresenta-se numa certa medida como uma espécie de "herói cultural", um verdadeiro Prometeu, que rouba o fogo para a humanidade, pretendendo introduzir o cosmos no caos, porém... novamente através do caos, mediante uma transgressão da ordem do mundo. Aqui, sem dúvida, oculta-se também uma polêmica com os socialistas, embora Raskólnikov não seja um deles, mas um individualista e uma espécie de precursor do indivíduo amoral de Nietzsche, e seu desmascaramento caminha justamente nessa linha.

Verifica-se que, tendo-se imaginado um "Napoleão", ele, entretanto, estabelece como seu principal objetivo justamente a confirmação da força e do valor de sua própria personalidade: "Seria eu um canalha tremebundo ou tenho o *direito...*", "seria eu um piolho, como todos, ou um homem?" – e nesse caminho ele chega ao fiasco: "eu matei a mim, não a velhota!" (VI, 321-322). Deve-se acrescentar a isto que, ao criar sua ideia, Raskólnikov apoiava-se na "lógica", na "aritmética", mas a lógica, em Dostoiévski, não pode ser um meio de "cosmicização" (cf. este mesmo raciocínio fatal em *Memórias do Subsolo*). A cosmicização não deve destruir a vida viva, somente o amor e o arrependimento, que levam à Ressurreição, podem originar a ordem e a harmonia. No romance, essa linha está ligada a *iuródivaia*[8], Sônetchka Marmeládova, que também, na minha opinião, "cometeu um crime", ao sacrificar a si própria.

Mais de uma vez chamou-se a atenção para o fato de Svidrigáilov constituir uma espécie de duplo negativo de Raskólnikov. Pois o próprio Raskólnikov chega a admitir: "Quão sórdido, entretanto, é capaz de ser o meu coração" (VI, 10). Svidrigáilov, uma espécie de "sombra" dele, é quase desprovido de contradições e apresenta a índole depravada de um libertino, de um trapaceiro etc., e, ao mesmo tempo, a de uma pessoa "maçante": "pois sou uma pessoa sombria, enfadonha" (VI, 368); "Às vezes é até maçante" (VI, 359), "um homem de bem deve ser fastidioso" (VI, 362) – diz ele de si. O último traço parece ser byroniano ou próprio do "homem supérfluo" russo. Esse "byronismo" e a pertinência aos aristocratas, que faz dele um herdeiro do "tipo predador" das primeiras obras de Dostoiévski, afasta-o de Raskólnikov; porém o individualismo amoral, o afastamento da vida viva (cf. o medo

---

8. Feminino da palavra юродивый (*iuródivi*), termo que designa o sujeito alienado, idiota, ao qual se atribui na tradição russa uma capacidade profética.

da morte e o suicídio de Svidrigáilov) aproxima ambos. Svidrigáilov também acha que "o crime isolado é lícito, se o principal objetivo é bom" (VI, 221). O aspecto da duplicidade é realçado pela afirmação de Svidrigáilov sobre a presença neles de pontos comuns, sobre o fato de que ambos são "pessoas de uma mesma esfera" (v. 6, p. 221). Porém, mesmo Svidrigáilov, com todo seu demonismo, cabe livremente no cosmos russo de Dostoiévski, na medida em que ele não é inteiramente desprovido de impulsos nobres, de jogo psicológico.

No polo completamente oposto está Razumíkhin, "ardente, franco, ingênuo, honesto, forte, como um *bogatyr*"; "uma personalidade atraente" (VI, 157-158), "extraordinariamente alegre e um rapaz comunicativo" (VI, 43); (Raskólnikov, ao contrário, ainda na universidade "esquivava-se de todos").

Fora dos limites da vida "cósmica", no papel de seu próprio gênero de espírito da morte, aparece a figura do judeu-bombeiro com uma "aflição eternamente rabugenta no rosto" (VI, 394), testemunha do suicídio de Svidrigáilov. Ao passo que já quase fora dos limites do cosmos russo está Lújin, não apenas um egoísta extremado e ególatra, mas também um homem excepcionalmente "empreendedor", "racional", convicto de que "a própria ciência afirma: ame, acima de tudo, unicamente a si mesmo, pois tudo no mundo baseia-se no interesse pessoal" (VI, 116).

Nos outros romances de Dostoiévski os forasteiros (alemães, franceses, poloneses, judeus) são representados, via de regra, nas marginálias do cosmos russo como que no papel de "demônios insignificantes". A começar de *O Idiota*, Dostoiévski faz convergir até o limite extremo a "terra natal", Deus e a moralidade (a moralidade primordial, "alegre" e "infantil"). Em *O Idiota*, sem dúvida, também é representado o cosmos russo (o "mundo russo", VIII, 184), para onde o herói, apesar do corpo e da alma russos, chega de fora, da Suíça (é difícil resolver se é desempenhada nesse papel a representação do caráter patriarcal suíço ou se aqui têm-se alguns ecos do "homem natural" do suíço Rousseau; no ambiente do herói na Suíça havia muitas crianças, elas mesmas um modelo do homem natural).

O herói de *O Idiota* era originariamente compreendido naquele mesmo plano do "grande pecador", possuía traços semelhantes tanto aos de Raskólnikov bem como aos do "homem do porão"; nas variantes do rascunho, "a qualidade principal de *O Idiota*" é caracterizada pelo "Autodomínio do orgulho (e não da moralidade) e uma furiosa autorresolução de tudo [...] Ele poderia chegar à monstruosidade, mas o amor o salva" (IX, 146); "as paixões em *O Idiota* são fortes, a necessidade de amor é pungente, o orgulho desmedido, a partir do orgulho pretende dominar-se e vencer a si próprio. Encontra deleite nas humilhações" (IX, 141). Nas variantes iniciais o herói é entendido como pertencente a uma "família constituída ao acaso" (um dos temas favoritos de Dostoiévski), um caçula sem direito à fortuna ou enteado. Aqui também podia aparecer o modelo do conto maravilhoso. Alguns estudiosos (Orest, Miller, Vogué, Bering) comparavam Míchkin (mesmo na redação definitiva) com o Ivânuchka Boboca* dos contos maravilhosos, mas eu não acho que Dostoiévski tenha se orientado seriamente para essa figura do folclore.

Após a modificação definitiva do projeto e a reinterpretação da figura do herói, Dostoiévski voltou-se, antes de mais nada, às imagens livrescas do Dom Quixote e do "Cavalheiro pobre", com as quais comparam Míchkin reiteradamente, tanto o próprio Dostoiévski, como as personagens do romance. Particularmente, Aglaia chama Míchkin de "cavalheiro pobre" (de Púchkin), mas o cavaleiro pobre é "uma pessoa capaz de ter um ideal e de acre-

---

* *Duratchok*, no original.

ditar nele... de dedicar a ele toda a própria vida". E ainda: "O cavalheiro pobre é semelhante ao Dom Quixote, mas só que é sério, não cômico" (VIII, 207). Dostoiévski escreveu posteriormente: "Se Dom Quixote e Pickwick, como pessoas virtuosas, despertam a simpatia do leitor e se saem bem, isso se dá porque eles são engraçados. O Príncipe-herói do romance, se não é engraçado, possui outro traço simpático: ele é *ingênuo!*" (IX, 239). Sem deixar de lado a ideia sobre as tradições existenciais e evangélicas, Dostoiévski chama Míchkin o "Príncipe Cristo" (IX, 253), frisando com isso a intenção de representar o herói ideal, "ingênuo" e essencialmente diferente de todas as variantes do "grande pecador".

Míchkin não é engraçado, mas às vezes, sobretudo à primeira vista, parece aos que o rodeiam, não acostumados a um grau tão elevado de franqueza, de sinceridade, de menosprezo às convenções, um "simplório", um "idiota", um "tolo", um *iuródivi* (ver acima a comparação com o Ivánuchka dos contos maravilhosos). "Você, príncipe, é dos pés à cabeça um *iuródivi*, e esses iguais a você são amados por Deus!" – diz-lhe Rogójin logo ao conhecê-lo (VIII, 14). A comparação com o *iuródivi* confere um colorido nacional às associações existenciais. O próprio príncipe Míchkin reconhece por duas vezes não ter "senso de medida" (VIII, 283, 458). Por força da virtuosidade absoluta do príncipe sua alma não constitui uma arena de paixões impetuosas, de lutas contraditórias do bem e do mal, embora ele também reconheça que "contra pensamentos duplos é terrivelmente difícil lutar" (VIII, 258). No decorrer do romance é reiterado várias vezes que seu amor, mesmo para com as mulheres, possui predominantemente um caráter de compaixão, é alimentado pela piedade não só para com aquelas figuras "madalênicas", como Mária e Nastássia Filípovna, mas também em parte para com Agláia, cuja beleza ele admira.

Pareceria que seu estar dividido entre o amor para com Nastássia Filípovna e para com Agláia podia ser a expressão de contradições, de oposições, em luta dentro dele, mas não se trata disso. Míchkin reconhece que por Agláia "parece não estar apaixonado, escrevia-lhe como a uma irmã" (VIII, 264). "Eu a amo não de amor, mas de compaixão" – diz Míchkin sobre sua relação com Nastássia Filípovna (VIII, 173), enquanto Rogójin lhe diz: "Sua compaixão [...] é mais que meu amor". Míchkin responde: "você não distingue o seu amor da maldade" (VIII, 177). Por seu desinteresse e extremo altruísmo Míchkin contrapõe-se a todos que o rodeiam, inclusive a todas as "personagens do subsolo" (tais como, por exemplo, o irremediavelmente enfermo Ippolit, que odeia os vivos, e sobretudo Gânia Ivólguin, "egoísta e maniacamente vaidoso [...] um mendigo impaciente" (VIII, 90), uma "alma negra, ávida, impaciente, invejosa [...] Em sua alma paixão e ódio estavam talvez estranhamente unidos" (VIII, 43). Paixão e ódio lutam na alma de Rogójin, que é não o "rei dos Judeus", que anseia por riquezas, como Gânia Ivólguin (VIII, 105), mas um descendente dos sombrios sectários-velhos crentes, personificação de uma força demônica cega e nefasta, que sustenta a morte. A. Blok opina sobre ele: "a personagem mais terrível, personificação do não-ser" [Blok, V, 78-79].

À parte situam-se as personagens femininas cheias de contradições quanto aos sentimentos e aos comportamentos: Nastássia Filípovna e Agláia. À margem do cosmos russo está o marido de Agláia, um conde polonês maníaco, de passado tenebroso.

Desse modo, em *O Idiota*, diferentemente de *Crime e Castigo*, a luta do cosmos e do caos é em certa medida extrovertida. O "salvador" Míchkin opõe-se ao mundo, no qual existem não só "nossa passionalidade russa", que se manifesta, por exemplo, no fato de que "*creem* necessariamente no ateísmo, como numa nova fé" (VIII, 452), mas a propagação mais ampla do mal justamente no aspecto do Caos, na esfera familiar e social do reinante, que, porém, não envolve as almas humanas. Em *O Idiota* trata-se do caos bem

OS ARQUÉTIPOS LITERÁRIOS ❦ 165

mais amiúde do que em *Crime e Castigo*: "Em nosso século todos são aventureiros! [...] tudo é desordem e vinho" (VIII, 113); "sodoma, sodoma" (VIII, 143); "é o caos, a indecência [...] A indecência e o caos reinam por toda a parte [...] tudo está do avesso, tudo de pernas para o ar" (VIII, 237); "E por acaso não é isso uma confusão, um caos, não é isso uma indecência?"(VIII, 238). O doente Ippolit, em casa de Rogójin, presta atenção num quadro, no qual, segundo lhe parece, está representado Cristo, descido da cruz, onde

não há sombra de beleza; há em sua forma plena um cadáver de homem, que suportou tormentos sem fim antes ainda da crucificação [...] A natureza restringe-se, ao se olhar para esse quadro, ao aspecto de algo que parece enorme, inexorável e um tanto animal, ou melhor, para dizer mais precisamente, ainda que seja terrível, ao aspecto de alguma gigantesca máquina de construção recentíssima, que insensatamente agarrou, desmembrou e devorou, surda e impassivelmente, um ser grandioso e inestimável [...] Por esse quadro é como se justamente se expressasse a compreensão de uma força sombria, impudente e absurdamente eterna, à qual tudo foi submetido, e lhe é transmitido involuntariamente [VIII, 339).

Em delírio Ippolit vê "uma tarântula enorme e asquerosa" (VIII, 340) e mais adiante diz: "Tal visão me arrasou. Não tinha condições de sujeitar-me à força sombria, que tomou a forma de uma tarântula" (VIII, 341). Antes ainda ele sonha com um "réptil", que se abate sobre um cachorro e expele veneno. Tudo isso, sem dúvida, são visões do caos demônico, no qual até Cristo foi despojado de sua boa aparência.

O herói ideal Míchkin, salvador à semelhança de Cristo, veio a esse mundo (no âmbito do cosmos russo) com o *pathos* do bem desinteressado, do amor e da compaixão até para com os inimigos, mas não soube vencer a "desordem". Sua razão sucumbiu, e ele voltou novamente à Suíça. Isso é possível justamente porque o arquétipo do "salvador" (Cristo) funde-se na imagem de Míchkin com o arquétipo do fidalgo excêntrico (Dom Quixote).

Os Demônios, a grande obra de Dostoiévski, é até certo ponto, ouso dizer, subestimada, pois veem nela antes de mais nada um panfleto ao movimento revolucionário através de uma interpretação lítero-satírica do ideário de Netcháiev. Tanto é verdade que alguns reconhecem a força profética do panfleto em questão, que nos comentários à última edição das *Obras Completas* de Dostoiévski afirma-se que "o romance, concebido como um panfleto contra o movimento revolucionário russo [...] é transformado pela pena do autor numa representação crítica da 'doença' de toda a sociedade nobre-burocrática russa e do Estado" (XII, 255), entretanto isso também não é tudo. Em *Os Demônios* Dostoiévski chega a atingir uma escala cósmico-escatológica na representação do caos, sem dúvida, historicamente concretizado. O título *Os Demônios* não é nem de longe decorativo, nem é simplesmente um símbolo de representação negativa do subterrâneo revolucionário.

Sobre um fundo de caos sobressaem também as figuras arquetípicas do herói e do anti-herói, que são levados até o último grau de evolução desses arquétipos na literatura universal. O cosmos, como quase sempre em Dostoiévski, apresenta-se no âmbito nacional, partindo, essencialmente, da contraposição bastante arcaica do "próprio" e do "alheio", ou seja, no presente caso, do cosmos russo "próprio" enquanto ainda vivo e que se desenvolve em sua luta contra o caos, na luta do bem e do mal. O cosmos russo em Dostoiévski opõe-se ao Ocidente de além-fronteiras, onde já morreu tudo o que se afundou na busca egoísta e imoral do conforto individual. Somente na Rússia conservou-se o "solo", e com ele Deus e a possibilidade do bem, a possibilidade da vitória do cosmos sobre o caos. O afastamento do solo nacional torna-se fonte de tragédia e causa da perdição do herói. Essa contraposição do mundo russo "próprio" e do ocidental "alheio" (de modo correspondente, da ortodoxia como o verdadeiro cristianismo ao catolicismo como falso cristianismo e uma das origens do socia-

OS ARQUÉTIPOS LITERÁRIOS ❦ 167

lismo) não é representada diretamente, ela existe por toda a parte apenas num reflexo, como uma influência nociva na vida russa. Essa mesma contraposição é vista como algo que contém os dois elementos em si, algo extremamente fundamental. Na realidade, há diante de nós como que um contraste arquetípico-épico de nosso próprio *etnos* e religião com os alheios. Sem dúvida, em *Os Demônios* de Dostoiévski, assim como em outras obras do autor, não há quaisquer traços literários verdadeiros do gênero do *epos* heroico. Nossa observação, entretanto, pode parecer não tão superficial e fantasiosa, se lembrarmos, por exemplo, de *Tarás Bulba* de Gógol, ideologicamente em harmonia ao eslavofilismo de Dostoiévski, e prestarmos atenção à tragédia de Andréi, que foi arrancado do "solo" e do autêntico heroísmo, tornando-se um verdadeiro traidor. O problema do herói, como já foi dito, está no centro do romance *Os Demônios*, e esse problema, em princípio, remonta ao arquétipo épico.

Se nos voltarmos para o nível cósmico, será possível notar que em *Os Demônios* o movimento vai não do caos ao cosmos, mas ao modo do arquétipo escatológico mitológico, do cosmos ao caos. Atrás está o *Século de Ouro*, com o qual sonha Stavróguin sob a impressão do quadro de Claude Lorrain, *Assis e Galateia*:

mas não como um quadro, como se fosse algo acontecido. Trata-se de um recanto do arquipélago grego: as ondas azuis mansas, as ilhas e penhascos, as margens vicejantes, a paisagem feérica ao longe, o pôr de sol convidativo, é impossível descrever com palavras. Aqui os europeus lembraram-se do próprio berço, cá estão as primeiras cenas da mitologia, o paraíso terrestre deles... Aqui viveram belas pessoas! [xi, 21].

No fundo desse doce sonho, de repente, para Stavróguin "apareceu nitidamente uma minúscula aranhazinha vermelha", e em seguida ele "viu Matriocha, emagrecida e com olhos tremelicantes" (xi, 22), ou seja, a imagem da infeliz menina estuprada e morta por ele é a da vítima extrema do mal, que se oculta nele, e do crime que cometeu.

Porém o sonho sobre o *Século de Ouro* opõe-se no romance não só ao caos pessoal na alma de Stavróguin e ao seu comportamento. No romance é desenvolvido gradativamente um quadro escatológico do caos geral, que aos poucos vai se concretizando social e psicologicamente.

O núcleo desse caos geral é constituído pela atividade revolucionária de toda uma série de personagens encabeçada por Piotr Verkhoviênski, mas o caos é ampliado e ultrapassa os limites da atividade revolucionária. No que se refere ao próprio meio revolucionário, afora todo o resto, reina ali o caos moral em forma de culto ao amor livre e à depravação, à vigilância e à traição recíprocas, ao sacrifício de inocentes em prol da consolidação por meio do sangue dos participantes do subsolo. Não há necessidade aqui de recontar o romance. "Toda essência da ideia revolucionária russa consiste na negação da honra" – afirma Karmázinov (x, 288). Além disso, Piotr Verkhoviênski fica admirado com as palavras de Karmázinov a respeito do "direito a não ter honra" (x, 300). De acordo com a teoria revolucionária de Chigaliov, "uma décima parte detém a liberdade pessoal e um direito ilimitado sobre os nove décimos restantes. Esses últimos devem converter-se em […] rebanho" (x, 312). "Saindo da liberdade ilimitada, eu vou cair no despotismo ilimitado" (x, 311). Liâmchin propõe então mandar pelos ares nove décimos da humanidade (x, 312-313), e Chigaliov concorda com ele. É dito a respeito de Chigaliov: "Ele olhava como se esperasse a destruição do mundo, e isso não para um dia qualquer […] mas sim para depois de amanhã cedo impreterivelmente" (x, 109-110). Piotr Verkhoviênski diz a seus correligionários: "Todos os vossos passos por enquanto foram para que tudo desmoronasse: tanto o Estado como a moral que o sustenta" (x, 463).

OS ARQUÉTIPOS LITERÁRIOS ❦ 169

Todas essas citações são sobejamente conhecidas. Gostaria apenas de ressaltar o matiz escatológico e a orientação geral para a destruição de toda a ordem, para o caos enquanto tal: "fechar-se e conduzir os grupos com o objetivo único da destruição geral?" (x, 314), "nós promoveremos tamanha turbulência que tudo começará das bases" (x, 322). O ideólogo do eslavofilismo Chátov afirma sobre os revolucionários: "Quem foi que eu atirei fora? Os inimigos da vida viva [...] os propagandistas decrépitos da carniça e da podridão! [...] há canalhas por toda a parte, canalhas e mais canalhas!" (x, 442), ou seja, o caos se entrelaça com a morte.

Como contraste irônico ao sonho de Stavróguin sobre o *Século de Ouro* soam as palavras de Chigalióv sobre o fato de que a maioria das pessoas atingirá "a inocência primitiva, semelhante àquela do paraíso primordial" (x, 312), e as palavras de outro revolucionário segundo o qual "o paraíso terrestre dele (Chigaliov, E. M.) é quase verdadeiro, é aquele mesmo por cuja perda suspira a humanidade" (x, 313).

Para os sucessos dos revolucionários (os "demônios") e para o caos geral contribuem (já sem falar no alto grau de desorganização familiar-social) a mediocridade do funcionário – do governador alemão e o namoro de sua mulher com os liberais: no séquito da esposa "a licenciosidade é tomada por jovialidade" (x, 348): "estava na moda uma certa desordem das mentes" (x, 249); "nem tudo corria bem" na província: o cólera, a mortandade do gado, a pilhagem, "o murmúrio sobre incêndios provocados" (x, 267), a agitação na fábrica e assim por diante. Instala-se na cidade "a época dos tumultos"[9] (x, 354), que modela de modo peculiar o caos escatológico.

---

9. Alusão ao conturbado período histórico da Rússia Antiga que se inicia com a morte de Ivan, o Terrível (1584), e termina em 1613, com a ascensão do primeiro Românov ao trono.

Como ponto culminante há a festa organizada pela mulher do governador e que adquire o colorido de uma carnavalidade algo sombria. Convém atentar para o fato de que "a jovialidade", que habitualmente ocorre em Dostoiévski com um matiz positivo, adquire aqui uma nuance demônica. Antes da festa "os jovens organizam um piquenique, uma festinha [...] Buscavam a aventura [...] unicamente para uma anedota alegre", "tornou-se um hábito fazer diversas travessuras" (x, 249), "eram travessuras já intoleráveis, com um colorido bem conhecido" (x, 251), por exemplo, aos Evangelhos vendidos por uma mulher acrescentam pornografia, no espírito da brincadeira carnavalesca vão visitar Semion Iákovlevitch, um *iuródivi* "beato", como distração vão olhar um menino que se suicidara após perder no carteado etc.

Durante a festa, "a mais reles gentinha adquiriu repentinamente notoriedade, pôs-se a criticar em voz alta tudo o que era sagrado" (x, 354); "cada um torcia mentalmente por um escândalo" (x, 358); "apressavam-se em desordem" (x, 363); "o escândalo ultrapassou os limites" (x, 373). Não há necessidade de relatar aqui "o escândalo retinindo sem interrupção" descrito por Dostoiévski. Surge a palavrinha "catástrofe" (x, 384). O "incêndio nas mentes" termina com um "incêndio nos telhados" (x, 395), com uma confusão generalizada na cidade, com mortes, homicídios (inclusive o assassínio de Chátov, "que completou a medida de nossos disparates", x, 465) e com suicídios. Particularmente, o suicídio de Kiríllov causado pela perda da fé em Deus e pelo desejo de "tornar-se Deus" também não é desprovido de uma nuance escatológica (observem-se as palavras de Kiríllov: "as leis do planeta são mentira e um *vaudeville* dos diabos", x, 471).

Por acaso tudo isso não lembra (ainda que muito de longe, num nível de generalização suficiente) as descrições escatológicas das velhas narrativas mitológicas, semelhantes à *Predição da Profetisa* dos Edda: a transgressão das normas morais e a inimizade dos parentes, a morte do jovem deus radiante, a aparição dos demônios e dos mortos vindos do reino subterrâneo para lutar com os deuses, a libertação dos monstros, o incêndio, o eclipse solar etc.?

Sobre o fundo escatológico descrito desenvolve-se a caracterização do herói, Nikolai Stavróguin e seu sósia-*trickster* demônico-cômico Piotr Verkhoviênski. A escala de generalização em *Os Demônios* ultrapassa ostensivamente os limites de um panfleto contra os revolucionários e correlaciona-se com o peso específico ao relato de Nikolai Stavróguin (nos rascunhos, o "Príncipe"). No decorrer da formação dessa imagem foi ultrapassado o estágio do "homem novo", e por isso, ao contrário, o do "grande pecador". A ideia do "grande pecador" refletiu-se também na formação definitiva dessa imagem. Em outubro de 1870, Dostoiévski escrevia a N. N. Strákhov[10]: "apareceu mais uma nova personagem, com pretensões a verdadeiro *herói do romance*, de modo que o herói anterior (personagem curiosa, mas realmente sem a estatura de um herói) ficou em segundo plano" (xii, 185). Antes ainda, numa anotação de março de 1870: "POIS BEM, TODO O *PATHOS* DO ROMANCE ESTÁ NO PRÍNCIPE, ele é o herói. Todo o resto movimenta-se em torno dele, como um caleidoscópio" (xi, 136). Nas citações apresentadas é realçado não só o papel organizador do Príncipe no romance, como também o fato de ele, de um modo geral, ser o verdadeiro herói do romance (as palavras "herói do romance" aparecem em cursivo).

Nikolai Stavróguin é o mais "amplo" dos heróis de Dostoiévski, é aquele que traz na alma oposições extremas conflitantes entre si: isso tudo constitui aquela mesma luta do cosmos e do caos que Dostoiévski tanto gostava de descrever ("a natureza ago-

---

10. Nikolai Strákhov (1828-1896), filósofo e crítico literário de tendência conservadora, ligado à eslavofilia.

niada e dividida das pessoas da nossa época", x, 165), numa única alma. Nas anotações rascunhadas sobre o Príncipe: "faz uma quantidade assustadora de coisas, tanto nobres como sórdidas" (xi, 119): a natureza deletéria de um menino da nobreza e uma mente magnífica e grandiosos arroubos do coração [...] Como resultado [...] só DESORDEM" (xi, 152); "Todos os impulsos nobres até o extremismo monstruoso (Tíkhon) e todas as paixões (*diante do tédio inevitável*)" (xi, 208); "O Príncipe é encantador como um demônio, e paixões terríveis lutam... com a proeza. Além disso há a incredulidade e o sofrimento, decorrentes da fé" (xi, 175); "Por causa da paixão pelo martírio estuprou uma criança. *Paixão pelo remorso da consciência*" (xi, 274); "O Príncipe planejou muito, com as mais elevadas aspirações, e ele mesmo não acreditava nelas e, não suportando as dúvidas, enforcou-se" (xi, 154).

Porém no nosso contexto o mais importante é que a imagem de Stavróguin traz em si como que "a nu" toda a evolução do arquétipo heroico desde o herói mitológico e épico até a desmitificação total. Antes de mais nada salta aos olhos a semelhança de Stavróguin com os "homens supérfluos" na literatura russa. O próprio Stavróguin chama a si mesmo de "egoísta" consciente e "pessoa ociosa". Seu desvelo para com a Manca caracteriza-se como um "mimo excessivo", "uma fantasia de homem prematuramente extenuado" (x, 150). Lipútin, falando sobre ele, lembra diretamente dos "conquistadores de corações petchorianos" (x, 84). Kiríllov afirma que Stavróguin representa "um novo estudo do homem enfastiado" (x, 150). Por outro lado, "ele estava na moda" (x, 234). Nos materiais de rascunho para o romance menciona-se que ele "olha com zombaria e ceticismo" (xi, 133) para tudo. "O Príncipe é um homem para quem tudo se tornou enfadonho. Fruto do século russo" (xi, 134); "Cético e Don Juan, mas só que desolado" (xi, 118); "A que dar força, nunca via" (x, 514). No texto definitivo Piotr Verkhoviênski diz a ele: "o senhor

OS ARQUÉTIPOS LITERÁRIOS ✻ 173

agora parece uma personagem enigmática e romântica" (x, 179). Tudo isso presta-se bem à caracterização do "homem supérfluo", inclusive como herdeiro do herói romântico.

Não contradiz essa interpretação nem a declaração da mãe dele, Varvara Petrovna, que compara Stavróguin a Hamlet, ao mostrar "o demônio repentino da ironia", que devora Hamlet (x, 151), e com o príncipe Harry de Shakespeare, "que beira a zombaria" (x, 151). O próprio Stavróguin também associa-se a si mesmo com o príncipe Harry, quando chama Lebiádkin de "seu Falstaff" (x, 148). Costumam ver em Hamlet um precursor dos "homens supérfluos", que surgiram na literatura russa no século XIX, o príncipe Harry (no plano da "zombaria") como que aponta para essa mesma linha.

Entretanto, Stavróguin é diferente dos "homens supérfluos", dos heróis byronianos e hamletianos, antes de mais nada porque ele não é um desiludido, mas "entedia-se" por sua própria apatia natural e ao mesmo tempo oculta dentro de si o mal e a capacidade de cometer crimes. Numa das variantes dos rascunhos Stavróguin diz: "eu não sou um dos desiludidos. Acho que sou um dos libertinos e dos ociosos" (xi, 266). Não por acaso, na redação do rascunho, uma fidalga chama-o de "animal predador, um corsário de Byron" (xi, 150), expressando uma atitude negativa tanto para com Stavróguin como para com o herói romântico. A linha da dessacralização do herói romântico byroniano (isso já ocorria em *Crime e Castigo*) é estendida à imagem de Stavróguin até um grau extremamente elevado e ultrapassa no *pathos* geral os endeusamentos do "herói".

Atentemos para os traços de Stavróguin, aqueles tidos habitualmente como heroicos: beleza e força física. Não é por acaso que Piotr Verkhoviênski propõe-se a apresentá-lo como um "chefe" (xi, 299), líder do subsolo. Além disso, serão utilizadas associações fabuloso-mitológicas da Rússia antiga: "Toldar-se-á

de brumas a Rus, começará a terra a prantear os velhos deuses...
Pois então, nós aos simples... oferecemos o tsariévitch Ivan: vós,
vós!" "O que se diz filho do tzar?"[11] – pergunta Stavróguin. "Di-
remos que ele 'se esconde'" – responde Piotr Verkhoviênski (x,
325). O tsariévitch Ivan, herói dos contos maravilhosos na variante nacional – já não é o "homem supérfluo" do século xIX. A
essa passagem do romance fazem eco outras, onde a *iuródivaia*
Manca, sua esposa formal, chama-o inicialmente de Príncipe
(também uma associação russa e bastante arquetípica), mas depois afasta-se dele com as palavras: "Não, não pode ser que o
falcão tenha se tornado um mocho. Não é assim o meu príncipe!
[...] Estará ele vivo? [...] Grichka Ot-rép-ev é uma maldição!"
(x, 218-219). Aqui a conversa sobre a impostura possui um outro
sentido, mas, justamente, desmascara o imaginário de Stavróguin enquanto herói. Não por acaso as palavras sobre a impostura atribuídas à Manca simbolizam (no sentido conhecido) o
solo russo popular. Dostoiévski reconhece que pretendia "mostrar um homem que tomou consciência de que o solo não lhe
faltará" (xi, 135). Na redação do rascunho atribui a Stravóguin
uma frase: "Temo odiar a Rússia" (xi, 154). Numa variante bem
anterior Dostoiévski ainda imaginava o Príncipe como desejoso
de "superar a qualquer custo o afastamento do solo natal" (xi,
99), mas depois abandonou essa ideia. Ele se deu um tiro porque
"não suportou que não tivéssemos um solo" (xi, 132).

O "homem supérfluo" Oniéguin era em certa medida oposto
a Tatiana, à "alma russa", mas o "homem supérfluo" Petchórin
está próximo da natureza de Bela, do simples Maksim Maksí-
movitch e assim por diante. Gógol, que reconstruiu com mestria
literária o nível épico mais arcaico em *Tarás Bulba*, condenou

---

11. Em russo самозванец (*samozvániets*), figura da história e do imaginário popular, tipo de impostor que se autoproclama filho do tzar e herdeiro do trono.

Andréi, que trocou de "solo", como traidor. Stavróguin, como sempre em Dostoiévski comparativamente a Gógol, é psicologizado: a perda do "solo" leva aqui ao deslocamento do mundo interior do indivíduo.

Stavróguin é potencialmente um verdadeiro herói, quase no sentido mitológico. Ele, justamente, atinge a "ideia russa" predileta de Dostoiévski do povo-portador-de-deus e atrai para ela Chátov. Stavróguin, justamente, poderia tornar-se uma espécie de "herói cultural" ou "salvador", que combate o mal e o caos, porém, sem possuir um solo nacional firme, nem a fé ortodoxa inabalável (o que está parcialmente ligado com suas raízes sociais – é um "fidalgo", um "fidalgote depravado e nada mais. Só um desordeiro", XI, 152; cf. seu predecessor Svidrigáilov). Stavróguin sugere a Kiríllov uma ideia completamente diferente e, mais do que isso, está ligado a Piotr Verkhoviénski e a outros "demônios".

Como escreveu V. Ivânov ("O Mito Fundamental no Romance *Os Demônios*"): "Traidor perante Cristo, ele também não crê em Satanás [...] Ele trai a revolução, trai também a Rússia (símbolos: a passagem à cidadania estrangeira e em particular a renúncia à sua esposa, a Manca). Trai a todos e a tudo e enforca-se como Judas, que não atingiu o seu covil demônico no sombrio desfiladeiro da montanha" (Ivánov, 1916, p. 70, *apud* Dostoiévski, XII, 230). O próprio Stavróguin fala que pode desejar tanto o bem como o mal e tirar prazer disso: "Meus desejos são muito fracos [...] extravasou de mim a negação, sem qualquer generosidade e sem qualquer força" (X, 514).

Não responde absolutamente a uma interpretação definitiva, mas é digna de nota uma anotação do rascunho feita por Dostoiévski sobre o fato de, em suma, Stavróguin não ter "ideias próprias" (XI, 132). Isso tudo, no nível intelectual. No nível moral, desde as insolências extravagantes (por exemplo: puxou Gaganov pelo nariz, deu uma mordida na orelha do governador), a "libertinagem desenfreada", a "conduta animalesca com uma senhora da boa sociedade" (x, 36), o estupro da pobre menina, as injúrias intermináveis "pelo prazer de ofender", a ligação com a "escória" (x, 36), e depois com os "demônios" revolucionários, até o acordo tácito ao assassínio etc. A própria dimensão heroica de Stavróguin é, na realidade, parcialmente inventada. O próprio Stavróguin diz a Kiríllov: "Eu sei que tenho um caráter insignificante, mas não me meto a forte", ao que o outro responde: "Nem deve se meter: o senhor não é um homem forte" (x, 228). Quando Dacha diz a Stavróguin: "Que Deus o guarde do seu demônio", este responde: "Oh, que demônio o meu! Não passa de um diabinho pequeno, nojento, escrofuloso com resfriado, dos que fracassaram" (x, 231). Desse modo, realiza-se no romance a desmitificação do herói.

Como já foi assinalado mais de uma vez, Stavróguin constitui um protótipo das personagens da literatura decadentista do século xx.

A alma de Stavróguin divide-se em "falcão" e "mocho". O lado sombrio da alma ("mocho") confere-lhe de vez em quando traços de *trickster*. Mas ao lado de Stavróguin em *Os Demônios* aparece um "anti-herói" notório, uma personagem demônico-cômica, que em certa medida merece a denominação de *trickster*. Trata-se de Piotr Verkhoviênski. No próprio texto ele é tratado como uma espécie de duplo de Stavróguin.

Stavróguin, por exemplo, fala a Piotr Verkhoviênski sobre o próprio: "Eu rio para o meu macaco" (x, 405). Este, por sua vez, responde prontamente: "Eu sou um bufão, mas não quero que o senhor, minha principal metade, seja um bufão!" (x, 408). Nessa frase há também mais uma indicação das manifestações possíveis da histrionice de Stavróguin (o herói!) bem como da nítida existência de histrionice em Piotr Verkhoviênski (o anti-herói). A velhacaria pérfida e o histrionismo do último reproduzem como imagem vivíssima o arquétipo do *trickster*. Piotr Verkho-

OS ARQUÉTIPOS LITERÁRIOS ❧ 177

viênski ironiza certa vez: "Pois eu sou um vigarista, mas não um socialista, ha-ha!"(x, 324). Ele declara que "o crime não é loucura", mas um "protesto nobre", "quase um dever" (*id., ib.*). É verdade, noutra passagem do romance, Stavróguin nota a propósito de Petrucha: "Existe um certo ponto em que ele deixa de ser um bufão e transforma-se em [...] meio-louco" (x, 193), mas o "louco" também cabe no arquétipo do *trickster* (por exemplo, o nome de um dos primitivos *tricksters* americano-indígenas, *Vakiungaga*, significa ao mesmo tempo "bobo" e "louco").

Toda a "atividade" revolucionária de Petrucha Verkhoviênski apresenta uma série de trapaças pérfidas e cruéis, que incluem o ludíbrio e a desinformação de seus correligionários, a condução de modo engenhosíssimo ao assassínio de Chatov (como pretenso delator), dos seguidores de Lebiádkin (pelas mãos de Fedka Kátorjni), e depois do próprio Fedka Kátorjni (seu auxiliar "criminal") ao suicídio de Kiríllov. Toda sua "diplomacia" junto à mulher do governador, a organização da "festa" etc. portam um caráter de provocação. Ao mesmo tempo, ele tenta com desfaçatez fazer-se passar por "conciliador geral" (x, 156). Além disso em sua conduta (para com o pai, a mulher do governador, o próprio Stavróguin e outros) predomina um estilo de histrionismo insolente, cujas repercussões peculiares manifestam-se também no histrionismo das personagens secundárias, Lebiádkin e Liánchin. O histrionismo deles opõe-se à alienação (*iuródstvo*) nobre da Manca.

Além de Piotr Verkhoviênski (como duplo de Stavróguin), nos rascunhos de Dostoiévski é mencionado o surgimento de um diabo na qualidade de "sombra" de Stavróguin, motivo este desenvolvido posteriormente em *Os Irmãos Karamázov*.

Desse modo, diante do amoralismo pleno e da impotência espiritual do herói, diante do ativismo bem-sucedido e descomedido, provocador, trapaceiro e histrião do anti-herói o caos, ainda que temporariamente, vence o cosmos.

Pois bem, talvez de modo plenamente consciente, talvez lançando um olhar cuidadoso para o passado remoto, Dostoiévski tenha em *Os Demônios*, com os recursos do realismo clássico do século xix, reproduzido a escala mitológica da extensão do objeto artístico e num aspecto extremamente enriquecedor e historicizado – as representações arquetípicas iniciais sobre o Caos. O Herói (aqui plenamente desmitificado) é também o Anti-herói-*trickster*.

Em *O Adolescente*, em comparação com *Os Demônios*, as posições ideológicas de Dostoiévski (em relação à nobreza-fidalguia, à *intelligentsia*, aos revolucionários, ao Ocidente) são ligeiramente atenuadas, e isto se torna evidente diante do confronto dos motivos análogos, que não são poucos.

A ideia do caos (da "desordem") interessa aqui a Dostoiévski não menos do que em *Os Demônios*. *A Desordem* é uma das variantes propostas do título (cf. xvii, 264). Os esboços de rascunho para o romance trazem a seguinte anotação:

Toda ideia do romance consiste em traçar o que é atualmente desordem generalizada [...] na sociedade, nos seus negócios, nas ideias diretrizes (que de *per si* não existem), nas convicções (que por isso também não existem), na desagregação do princípio familiar. Se há convicções apaixonadas, são apenas as destrutivas (socialismo). Ideias morais não há [xvi, 80].

É o principal. Em tudo há a ideia de desagregação, porquanto tudo existe *isoladamente* e não restam quaisquer vínculos não só no âmbito da família russa, mas, simplesmente, nem mesmo entre as pessoas. Até as crianças estão isoladas. "É a torre de Babel – diz ele. Pois é isso o que somos nós, a família russa. Falamos em línguas diferentes e não entendemos absolutamente um ao outro. A sociedade decompõe-se quimicamente". – Isso é que não, o povo. O povo também [xvi, 16].

"A *desagregação* é a principal ideia evidente do romance" (xvi, 17). "Nela (na sociedade, – *E. M.*) tudo é mentira, falsidade, embuste e suprema desordem" (xvi, 354). O tema da "desordem"

OS ARQUÉTIPOS LITERÁRIOS ❀ 179

em comparação com o romance *Os Demônios* é parcialmente aprofundado, parcialmente limitado, já que está concentrado principalmente na tragédia da "família constituída ao acaso": "uma grande quantidade [...] de famílias patrimoniais russas [...] não param de transformar-se em famílias *constituídas ao acaso* e unem-se a elas na desordem geral e no caos" (XIII, 455).

Sem dúvida, o caos familiar-social correlaciona-se com o pessoal, o psicológico. Como é praxe em Dostoiévski. "Justamente a partir desse ponto, do qual parte o romance, amadureceu todo o caos interior DELE e a discórdia (a descrença e o resto) em relação a si mesmo [...] E este caos interior é representado também pela discórdia exterior [...] em suma, pela *desordem*" (XVI, 34). Nos rascunhos, ao caracterizar o herói principal (ELE), Dostoiévski afirma: "Tudo isso provém da insatisfação interior com as crenças, do ateísmo secreto e dissimulado para si mesmo, da dúvida em relação ao cristianismo etc., ou seja, da desordem interior" (XVI, 112; cf.: sobre o "besourinho da *desordem*" (XVI, 22). Um pouco mais adiante (nos esboços de rascunho) ELE diz: "Eu acreditava porque temia não acreditar. E agora vi que realmente não acreditava em nada. Só agora eu concluí que tudo é desordem, tudo é maldito" (XVI, 114). ELE explica ao Adolescente que com a assim chamada ideia de Rothschild "a gente pode também testemunhar a desordem moral. A gente quer se afastar de todos para o seu próprio covil e toma a medida necessária". Nisso, vem uma nota: "Liza – desordem moral total [...] Dolgúchin – desordem moral [...] a convicção da honra e do dever para com a destruição total" (XVI, 81).

Faço as citações a partir das anotações dos rascunhos porque nelas Dostoiévski tece comentários sobre os heróis, revela seus intentos de modo mais amplo.

Nas declarações de Versílov, um dos dois heróis principais do romance *O Adolescente*, são abordados na realidade os temas "mitológicos" dos tempos remotos (repete-se exatamente o sonho de Stavróguin com o *Século de Ouro* ligado ao quadro de Claude Lorrain) e dos tempos escatológicos (sobre o "último dia da humanidade", XIII, 378): "o reino dos judeus", falências periódicas e rebeliões sociais, o notória e utopicamente delineado amor recíproco não-religioso harmônico para com as pessoas (ou seja, algo de novo em comparação com *Os Demônios*) e, por fim, a segunda vinda de Cristo (XIII, 379). Já a partir dos dados citados aparecem nitidamente o *pathos* do romance e a disposição de forças nele.

Os dois heróis principais, o pai (Versílov) e o filho (o adolescente-Dolgorúki, não um príncipe, mas um filho ilegítimo, fruto dorido de uma "família constituída ao acaso", cf. – um tanto diferentemente – o pai Stepan Trofímovitch e o filho Piotr Stepânovitch Verkhoviênski em *Os Demônios*), ambos vivenciam na alma a luta do bem e do mal, do cosmos e do caos, como também muitos outros heróis de Dostoiévski, o que se revela parcialmente como consequência da "amplidão" russa, a qual é frequentemente mencionada em *O Adolescente*. Em Versílov todas essas contradições e a instabilidade, assim como em Stavróguin (de cujo tipo ele está extremamente próximo), estão ligadas à conhecida "falta de solo", enquanto em *O Adolescente*, à sua juventude, ao complicado processo de formação da personalidade, as nem sempre bem-sucedidas buscas da boa presença e assim por diante, como decorrência do fato de que ele ainda não é um "homem feito" (expressão de Dostoiévski), "ainda não se fortalecera na compreensão do bem e do mal. Apenas um sentimento resguardava" (XIII, 240), "o desejo de desordem – e até mais amiúde que o resto – provém (em jovens como ele, – E. M.) da sede oculta de ordem" (XIII, 453).

Numa das primeiras anotações para o futuro romance, Dostoiévski caracteriza o protótipo de Versílov como um "tipo heroico", que "está acima do público e de sua vida viva" (XVI, 7).

No texto definitivo o próprio Versílov fala que o "caráter de herói épico"[12] está "acima de toda a felicidade" (XIII, 174). Como no caso com Stavróguin, embora com menos pressão, Dostoiévski elabora aqui e numa medida significativa desmitifica o arquétipo do herói. Nas primeiras anotações este "tipo de herói" já se delineia como urdido a partir de oposições e premeditadamente muito parecido com Stavróguin: "é tão fascinante, quão abominável (o besourinho vermelho, Stavróguin)" (XVI, 7); ele anseia por negócios e não possui uma fé verdadeira, pratica o mal e se arrepende – tudo por causa da ausência de solo e do tédio gerado por isso, bem como da nostalgia "de fidalgo". É verdade, posteriormente o pan-europeísmo de Versílov, sua ideia de uma união comum, suas reflexões sobre a missão do europeísmo na Rússia são veiculados por Dostoiévski não sem um certo elemento de simpatia.

Discorrendo sobre a contradição do caráter do herói, Dostoiévski escreve ainda nas primeiras anotações:

Sei o que é o mal, e me arrependo, mas o pratico juntamente com impulsos grandiosos. É possível que seja assim: duas atuações num único e mesmo tempo; numa atuação (com algumas pessoas) ele é o grande justo, que, do fundo do coração, se eleva pelo espírito e regozija-se de sua própria atuação num enternecimento sem fim. Na outra, ele é um criminoso terrível, mentiroso e libertino (com outras pessoas). Um olha para o outro com arrogância e pesar [XVI, 8].

Nas variantes dos rascunhos aparece o motivo das tentações diabólicas, dos jogos do diabo com o herói.

No texto definitivo as ações de Versílov, as boas, desinteressadas, e as más também se alternam. Um exemplo claríssimo é o episódio do aparecimento de Versílov depois dos funerais do

---

12. O substantivo em russo, богатырство, remete a *bogatyr'*, o herói épico russo por excelência, semelhante em seus atributos a Hércules.

182 ❦ E. M. MELETÍNSKI

bem-apessoado Makar Dolgorúki no dia do aniversário de Sônia, viúva formal de Makar e mulher de fato de Versílov (a propósito, a respeito dela diz Versílov: "eu a amava muito, mas, afora o mal, não fiz nada para ela", XIII, 370). Tenho em vista o desejo dele de pisotear as flores que lhes foram trazidas e o fato de ele inesperadamente quebrar o ícone que recebera de herança. Relacionada a este episódio há a seguinte confissão de Versílov:

> O senhor sabe, tenho a impressão de estar dividido exatamente em dois [...] Exatamente ao seu lado posta-se o seu duplo: o senhor mesmo é inteligente e sensato, enquanto o outro, por sua vez, quer a todo custo cometer alguma insensatez, e às vezes uma coisa divertidíssima, e de repente percebe que o senhor mesmo quer fazer essa coisa divertida, sabe-se lá Deus por quê [XIII, 408-409].

Justamente logo após essa confissão Versílov quebra o ícone. Pouco antes ele dizia: "Posso ter com toda a facilidade dois sentimentos opostos num único e mesmo tempo" (XIII, 171). O adolescente testemunha que, "a ouvi-lo, parece que fala muito a sério, mas mentalmente, entretanto, está fazendo caretas e rindo" (XIII, 109).

Essas citações e os acontecimentos narrativos que estão por trás delas ilustram não só a luta do bem e do mal, do cosmos e do caos na alma de Versílov, mas também a verdadeira duplicidade interna de alma, quase como a de Goliádkin em O Sósia. Na imagem de Stavróguin esse motivo foi pouco delineado, e lá no fundo tratava-se do duplo externo, de Petrucha Verkhoviênski como "macaco" de Stavróguin. Aqui a ênfase recai sobre a divisão interna, sobre a "sombra" do subconsciente (cf. imagem do "besourinho"). No antiquíssimo arquétipo do herói, no "herói cultural", por exemplo, havia ambas as variantes: os dois irmãos (o positivo e o negativo, o inteligente e o tolo) ou a natureza dupla numa única personagem.

Não vou me deter minuciosamente na contradição de *O Adolescente*, a qual, como já foi dito, representa uma certa busca de seu caminho entre o bem e o mal com o objetivo de livrar-se de uma situação social ambígua, do caos humilhante da "família constituída ao acaso". A partir desse objetivo o jovem põe à prova a assim chamada "ideia de tornar-se um Rothschild" (mas abandona-a após a aquisição de alguma experiência de vida e o despertar consciente dos bons sentimentos), ou seja, "o plano de afastamento para dentro de seu próprio casulo individualista" ("interromper tudo e fugir para si" em prol do "poderio e do isolamento", XIII, 73), e conquistar a liberdade e a independência, a riqueza do lucro ("sonho insensato de um certo Hermann[13] de Púchkin", XIII, 113).

Essa ideia do Adolescente é complementar às ideias de Raskólnikov (de matar a velhota-usurária ou de tornar-se ele mesmo um agiota; cf. o herói do conto "A Dócil"[14]). Em ambos os casos ocorre a tentativa de uma oposição burguês-individualista ao caos. Tal tentativa, na concepção de Dostoiévski, pode apenas ampliar o mal e o caos. É característico que, a exemplo de Raskólnikov, o jovem nesse período "não ame as pessoas" (XIII, 72). Mas tanto o caráter burguês como o interesseiro em ambos os casos são ilusórios. Na realidade, trata-se de uma tentativa fracassada e incorreta de libertar-se da humilhação social, de uma espécie de autoafirmação e da comprovação do valor pessoal. À diferença de Raskólnikov, para Arkádi esse é apenas um episódio "da infância".

É preciso dizer que a tipologia da infância do herói no arquétipo é absolutamente diferente. A "infância do herói" mitológica,

---

13. Personagem da novela *A Dama de Espadas*, de A. S. Púchkin.

14. Publicado em português, a partir de várias traduções indiretas, com os títulos de "Ela Era Doce e Humilde", "Uma Doce Criatura", "A Doce" e até "Krótkaia" (transliteração do título original em russo).

maravilhosa ou épica dá-se ou nos primeiros anos, na manifestação prematura das qualidades heroicas pessoais (frequentemente na ordem direta ou na iniciação metafórica), ou, ao contrário, na deformidade, na fraqueza, na passividade, que não oferecem nenhuma esperança no futuro; às vezes tentam matar o herói ainda em tenra idade (isto é, ele é uma vítima inocente, tentam se livrar dele). *O Adolescente* de Dostoiévski tem precursores mais próximos: são todos os rejeitados ofendidos, os "enjeitados" nos romances do século XVIII e início do XIX, e também o herói do assim chamado romance de formação.

Às vezes, com a infância do herói está relacionado no arquétipo o conflito "pai e filho": o pai põe o filho à prova, o pai tenta destruir o filho, o filho voluntária ou involuntariamente mata o pai (tema da troca de gerações e de poder): no *epos* o esquema é comum: o pai mata o filho não reconhecido, que se encontra nas hostes inimigas (cf. acima sobre Tarás-Andrei de Gógol). Em Dostoiévski é diferente: em *Os Demônios*, na família Verkhoviênski, o pai-liberal, a despeito da deturpação das relações normais "patriarcais" na família, revela-se, entretanto, um precursor lógico do filho-niilista (por trás disso oculta-se a polêmica com o romance *Pais e Filhos* de Turguêniev). À diferença de todas as variantes do arquétipo, aqui é reproduzida não só a troca de gerações, mas também a mudança de épocas.

Em *O Adolescente* (também no âmbito da desagregação da família normal) ocorrem relações complexas, contraditórias e passivas, dá-se o restabelecimento gradual das reputações e das relações, que minam as situações da "família constituída ao acaso".

A colisão "pais-filhos" é desenvolvida em toda a plenitude e num grau bastante elevado de generalização no último romance de Dostoiévski, *Os Irmãos Karamázov*, Nele, assim como em *Os Demônios*, a generalização artística de envergadura extraordinariamente vigorosa da realidade corrente (em correlação com o pendor de Dostoiévski à simbolização e à hiperbolização), sem qualquer prejuízo para esta análise concreta, leva ao ressurgimento de uma arquetipicidade conhecida. Aspirando conscientemente a uma proporcionalidade da narrativa, Dostoiévski menciona não por acaso (no prefácio à tradução de *Notre Dame de Paris* de Victor Hugo), como modelo e exemplo, *A Divina Comédia* de Dante.

Examinando a arquetipicidade em *Os Irmãos Karamázov*, convém levar em conta o apelo consciente de Dostoiévski a hagiografias e a apócrifos apocalípticos, sobre os quais, em particular, discorre minuciosamente V. E. Vetlóvski em seus trabalhos (1971, 1977). O próprio Dostoiévski associa Aliocha Karamázov ao herói da hagiografia popular sobre "Aleksei, o homem de Deus". A vida dessa personagem remonta ao período da queda do Império Romano, sendo essa queda paralela à época do caos inicial da vida russa. A série de motivos da hagiografia como que se repete em Dostoiévski: a súplica da mãe a respeito do filho, o envio do herói por obra de um santo padre aos parentes e sua vida no mundo, em meio às tentações da vida mundana. Em *Os Irmãos Karamázov*, na opinião de V. E. Vetlóvski, o irmão Ivan Karamázov representa o típico tentador demoníaco da hagiografia. Ainda mais próxima às ideias do romance de Dostoiévski, segundo V. E. Vetlóvski, é a ideia "do amor não seletivo, não tentador", que impregna o verso espiritual sobre Aleksei, o homem de Deus. As supostas novas provações de Aliocha no futuro permanecem desse modo também não descritas em *Os Irmãos Karamázov*, mas a lucidez após muitas provações, tentações e erros, mostrados no exemplo do irmão Dmítri, lembra em parte, ao que se diz, a *Vida de Efrem Sirin*.

V. E. Vetlóvski aponta ainda a influência estilística da literatura hagiográfica no romance, tenta de todo modo ligar Grúchenka à heroína da hagiografia sobre Maria Egipcíaga (penso

186 ❊ E. M. MELETÍNSKI

ser possível ligar de uma certa forma Grúchenka, assim como Nastássia Filípovna, a Maria Madalena), descobre na "Lenda do Grande Inquisidor" o aproveitamento de versos espirituais e de apócrifos sobre o fim do mundo, o aparecimento do Anticristo e sobre a segunda vinda de Cristo: através do *Fausto* os fios se estendem também ao Jó bíblico.

Juntamente com as *Hagiografias, Os Irmãos Karamázov* são reiteradamente comparados com toda uma série de obras da literatura universal que se referem ao tema de Satanás-Lúcifer, geralmente ao princípio demônico (a começar de Milton, Lesage, Goethe, Byron, *Relato sobre Savva Grudtsin*, Liérmontov e terminando com Gógol e sua figura rebaixada do diabo), e ainda com outras – com Shakespeare (o *Rei Lear* na linha do tema pais-filhos), muito estreitamente com Schiller (o tema do pai e dos irmãos em *Os Salteadores*, a referência ao Grande Inquisidor em *Dom Carlos*, a menção sobre a união com a mãe-terra na *Festa de Elêusis* traduzida por V. A. Jukóvski[15], na *Canção da Alegria*, traduzida por F. I. Tiútchev), com Voltaire (o tema de Cândido, que se convence da ausência de harmonia no mundo), com V. Hugo, G. Sand, E. Zola e outros.

M. M. Bákhtin, como se sabe, estabeleceu a ligação de *Os Irmãos Karamázov* e de outros romances de Dostoiévski com a vertente "menipéica" na literatura universal, a partir dos diálogos socráticos. É possível, sem dúvida, estender o fio também ao *Cavaleiro Avaro* de Púchkin, onde o pai lembra o fidalgo-usurário Fiódor Karamázov, enquanto o filho, bem-nascido e pândego, remete a Dmítri Karamázov, e onde aparece, também rejeitada pelo filho, a ideia de parricídio. Repetidas vezes chamou-se a atenção para uma possível associação de Aliocha Karamázov com o tolo

---

15. Vassíli A. Jukóvski (1783-1852), poeta e tradutor, pertencente à escola do Sentimentalismo russo.

OS ARQUÉTIPOS LITERÁRIOS ❧ 187

Ivânuchka dos contos maravilhosos, o terceiro filho mais novo (R. Guibian, Vs. Miller etc.). Realmente, Dostoiévski refere-se a ele como um "paspalho", Ekaterina Ivânovna chama-o maldosamente de "pequeno *iuródivi*", em outra passagem também se diz que ele é "como que um dos *iuródivi*" (xiv, 20). Para nós esta associação é muito interessante, mas é perfeitamente evidente que ela é bastante superficial e não esgota absolutamente nem mesmo o núcleo do caráter de Aliocha, particularmente naquilo que ele é definido por Dostoiévski como "realista" (xiv, 24).

Do ponto de vista dos problemas arquetípicos é extremamente importante o fato de que em *Os Irmãos Karamázov*, bem como nas obras anteriores, são exploradas questões sobre o caos (em níveis individual e coletivo, dos costumes e particularmente familiar, mas também intelectual) e o cosmos (que, sem dúvida, como sempre é compreendido em Dostoiévski dentro do espírito cristão-eslavófilo), sobre a possibilidade ou impossibilidade de harmonia universal ou psicológica, sobre perspectivas escatológicas, sobre tipos de herói e anti-herói e as relações entre eles (o problema dos "duplos" e etc.).

Dmítri Karamázov com a ajuda de citações de Schiller desenha um quadro do cosmos primordial, transgredido pelo rapto de Prosérpina (Perséfone) e pela tristeza de sua mãe, a deusa da fertilidade Ceres (Deméter), em consequência do qual surge a seca, e depois a devastação por toda a parte e a "humilhação do homem", isto é, o caos penetra no cosmos (este quadro pode ser facilmente comparado com o idílio do *Século de Ouro* nos sonhos de Stavróguin e Versílov), É característico que nos versos de Schiller-Jukóvski, citados por Mítia Karamázov, a seca, descrita no mito grego, completa-se com a "humilhação do homem", e justamente para que o homem se erga do "rebaixamento", ele deve unir-se "com a antiga mãe-terra" (xiv, 99). É lógico que para Dostoiévski "a antiga mãe-terra" não é tão somente a deusa da fertilidade Deméter ou, digamos, a deusa grega Geia (Terra), mas também o solo nacional, cuja perda ameaça cada indivíduo com o caos interior. Passando das associações da mitologia clássica às bíblicas, Dostoiévski fala pela boca de Mítia Karamázov sobre a luta do "ideal da Madona" e do "ideal de Sodoma" (ou seja, do caos, a palavra Sodoma nesse sentido é empregada também pelo "polaco", o noivo de Grúchenka, mas nesses lábios ela soa paradoxal). Mítia Karamázov horroriza-se com o fato de que o

sujeito [...] começa com o ideal da Madona, mas termina com o ideal de Sodoma. Mais terrível ainda é que alguém já com o ideal de Sodoma na alma não rejeite também o ideal da Madona [...] Não, o homem é amplo, muito amplo até, eu o limitaria [...] Aqui o diabo luta com Deus, mas o campo de batalha é o coração das pessoas [xiv, 100].

Mítia Karamázov, e através dele Dostoiévski, tem em vista aqui a luta do cosmos-bem e do caos-mal no espírito do homem, ou seja, aquilo que Dostoiévski demonstrou inúmeras vezes no exemplo de seus heróis, incluindo também Mítia Karamázov.

Não há necessidade de reproduzir a vida desordenada e as oscilações de Mítia entre impulsos opostos, mas lembro as palavras que ele mesmo diz de si: "Atormento-me por toda a vida, punirei minha vida inteira!" (xiv, 364); "Toda minha vida foi desordenada, e é preciso impor a ordem" (xiv, 366; aqui caos e cosmos aparecem literalmente contrapostos); "Somos maus e bons" (xiv, 397); "Queria matar, mas não sou culpado" (xiv, 412); "Sou um animal, eis o que sou. Mas quero rezar" (xiv, 397); "Sou desprezível, mas vos amo" (ou seja, a Deus, xiv, 372 – E. M.); "Está falando com você um homem de berço [...] que cometeu um monte de infâmias" (xiv, 416); diz-lhe Grúchenka: "Ainda que sejas um animal, és um homem bem-nascido" (xiv, 398).

Lembremos das contradições no comportamento e no espírito de Katerina Ivanovna, Grúchenka, Ivan Karamázov, da ado-

OS ARQUÉTIPOS LITERÁRIOS ❀ 189

lescente Liza, dos "meninos". A "diabinha" Liza, que combina em si "algo de malévolo e ao mesmo tempo de ingênuo" (xv, 1) e que "toma o mau pelo bom" (xv, 22), é especialmente interessante. Ela sonha juntamente com Aliocha ajudar os infelizes e deseja simultaneamente que "alguém a torture" (isso é masoquismo), imagina como seria comer "compota de ananás", olhando para um menino com os dedinhos cortados (isso é sadismo). Vê em sonho feições, deseja ofender a Deus. Exclama: "Desejo ardentemente atear fogo à casa", "Ah, eu quero a desordem", "Ah, como seria bom, se não sobrasse nada!" (xv, 21, 22,24).

Em outras palavras, o caos que ainda não se fortaleceu em seu espírito (cf. com *O Adolescente*, seu sonho de solidão com sua "ideia de Rothschild") passa a desejo de caos generalizado, a rejeição categórica de harmonia no mundo. Os estudiosos pouca atenção deram ao fato de que em Liza a rejeição infantil e "psicológica" de harmonia no mundo constitui um paralelo peculiar à rejeição de harmonia por motivos intelectuais em Ivan Karamázov.

Desse modo, o caos "de dentro" e o "de fora", no interior da individualidade e nas proporções do mundo, entrelaçam-se entre si, como que um atravessando o outro.

Constitui novidade em *Os Irmãos Karamázov* o fato de a família modelar o caos no mundo. Naturalmente, os problemas da "família constituída ao acaso" e do caos em geral nas relações familiares são detalhadamente reproduzidos em *O Adolescente*, mas em *Os Irmãos Karamázov* o tema da família é elevado a um nível mais alto de generalização, tornando-se ele próprio modelo da sociedade como um todo, e, em parte, também do mundo como tal. E justamente nesse caminho intensifica-se (certamente, sem qualquer arcaização e simplificação) a amplidão arquetípica.

Observe-se que na Antiguidade o caos cósmico é representado e superado no mito, enquanto as relações ambivalentes e até antagônicas entre as gerações, do pai (ou do tio pelo lado materno) com o filho (ou sobrinho) estão parcialmente ligadas à iniciação do jovem herói, parcialmente à luta, que declaradamente ou não acompanham ou simbolizam a substituição de uma geração pela outra. Essa última ocorria no famoso tema edipiano, com o qual S. Freud e os freudianos teriam gostado de comparar *Os Irmãos Karamázov*. No conto maravilhoso então, no qual a dimensão cósmica reduziu-se ao social-familiar, o caos justamente personifica-se nas relações familiares entre irmãos e irmãs (mais velhos e mais novos), filhas naturais e enteadas, pais e filhos. E, como sabemos, aqui a discórdia familiar reflete os desvios sociais, mas é precisamente a desagregação da união tribal patriarcal: o deserdar o filho caçula era resultado da passagem da minoridade, que nivelava os irmãos em fatos de direito, à maioridade; o deserdar a enteada era resultado do aparecimento de uma madrasta, o que se tornou possível em virtude da transgressão da proibição de casar fora da tribo (somente essas eram classificadas como madrastas); o deserdar o "pequeno órfão" era explicado pela recusa do clã a cuidar do mocinho, que ficara órfão, mas isso, por sua vez, tornou-se possível ao desalojarem da tribo a família "pequena".

Justamente esse arquétipo do conto maravilhoso, o da desavença familiar em virtude do declínio das tradições patriarcais, renasce em certo grau em *Os Irmãos Karamázov*, certamente de modo involuntário e totalmente espontâneo. E isso é muito mais fundamental do que a associação plenamente consciente para Dostoiévski, e que jaz na superfície, com o trio de irmãos, típico do conto maravilhoso, do qual o irmão caçula é "bobinho". Num dos primeiros esboços tratava-se de dois irmãos, tal como ocorria na realidade na família Ilinsk (um dos protótipos da família Karamázov). Além disso, não nos esqueçamos de que no romance, na realidade, são quatro os irmãos.

Em Dostoiévski o caos está concentrado sobretudo na figura do próprio pai, Fiódor Karamázov, em sua hostilidade para com os dois filhos mais velhos, mas também na rivalidade com Mítia nos assuntos amorosos. O caos do "pai" possui um aspecto social: fidalgo, que se lançou na acumulação "burguesa", Fiódor Karamázov é "o tipo da pessoa sórdida e devassa, mas, ao mesmo tempo, também é confuso": um dos "confusos mais esquisitos", ele, por outro lado, sabe "perfeitamente cuidar de seus negócios patrimoniais"; é uma "pessoa voluptuosíssima", "apenas um bufão malévolo, e nada mais" (xiv, 7 e 8); um "sem-vergonha" (xiv, 24); que aprendeu "com os judeus a acumular e a ganhar dinheiro", um "fundador de botequins", que "pratica a usura" (xiv, 21). Desse modo, ele concentra em si tanto o caos (seja no aspecto da devassidão, seja no da incoerência), como o mal (de modo particular, em sua variante tipicamente burguesa rothschildiana), e o histrionismo.

O arquétipo do bufão é algo médio ("mediador") entre o simplório (paspalho) e o trapaceiro. O *trickster*, que, por ingenuidade, por estupidez, imita de modo absurdo o "herói cultural" ou pratica artimanhas maléficas, cavilosas, que perturbam a ordem cósmica e social, é antecessor direto do histrião. Esse princípio do *trickster* demônico-cósmico é apresentado de modo evidente no Karamázov-pai num aspecto enriquecido historicamente. A voluptuosidade muito essencial, como traço da natureza ("a força telúrica dos Karamázov"), não é limitada pela cultura, e por isso mesmo é caótica. Fiódor Karamázov passou-a para os filhos. A voluptuosidade ("para mim [...] não existem mulheres feias", xiv, 125) determina tanto o caráter de seus enlaces, como a possibilidade de desonra de Lizavieta Smerdiákov, e a perseguição a Grúchenka, que provocou a rivalidade com o filho Dmítri.

A pertinência de Fiódor Karamázov à esfera do caos e do mal revela-se de modo bem evidente na ausência absoluta de preocupação com os filhos e na hostilidade para com Dmítri não só por causa de Grúchenka, mas também por causa de dinheiro. Um último traço é sua atitude histriônica, escarnecedora para com o mosteiro e a igreja em geral, a identificação blasfema do amor cristão com o amor venal, o ódio à Rússia. E até mesmo à mente dos filhos pode vir a questão: "Para que vive um homem desses?!" (assim fala Dmítri, XIV, 69). E, por fim, a conclusão geral, que encantou tão intensamente os freudianos: "Quem não deseja a morte do pai? [...] Um réptil devora outro réptil" – declara Ivan Karamázov já perdendo a razão (XV, 117).

Reside nessas palavras a expressão do caos e do mal na família e no mundo. Por outro lado, este motivo leva de modo extremamente paradoxal à lembrança de certos temas mitológicos. O caos e o mal, o mal justamente enquanto caos, a "desordem" ocorrem na geração dos filhos por dois caminhos diferentes. No que diz respeito a Dmítri (cf. citações acima), esse caos dentro dele foi causado pelo desmoronamento da família normal, pela educação junto a parentes afastados, por uma "vida de farras" (XIV, 63); "Sua adolescência e mocidade passaram de forma desordenada" (XIV, 11) etc. Contribuía para isso uma emocionalidade elevada, decorrente da força natural, do caráter "telúrico" dos Karamázov (a "mãe-terra" não é tão somente o solo, mas também os elementos). Jung diria: decorrente de uma manifestação desmedida do "inconsciente coletivo". Porém as boas tendências – o amor ao próximo, a delicadeza instintiva, a religiosidade primordial, a propensão a sofrer (tanto por si mesmo como pelos outros, cf. motivo "a criança chora"), – tudo isto impede-o de matar o pai e promete fazer "renascer" nele um "homem novo" (XV, 30). "Quero sofrer e serei purificado pelo sofrimento" (XIV, 458). É evidente que Dmítri com sua emocionalidade ingênua, sua religiosidade primordial e seu patriotismo personifica uma variante russa específica do caos no entendimento de Dostoiévski: "Eu

OS ARQUÉTIPOS LITERÁRIOS ❀ 193

odeio esta América" (quando lhe propõem escapar à punição), "Amo a Rússia, Aleksei, amo o Deus russo, mesmo sendo o canalha que sou!" – diz ele ao irmão Aliocha (xv, 186). O "caráter nacional" de Dmítri reside também no fato de ele estar pronto a "lavrar a terra" (xiv, 399).

Ivan Karamázov oferece uma variante oposta, sem falar já do ilegítimo Smerdiákov. No arquétipo do conto maravilhoso os irmãos são hostis entre si: aqui essa hostilidade não existe, embora Ivan e Dmítri se coloquem como rivais em relação a Katerina Ivánovna (paralelo à rivalidade de Dmítri com o pai em relação a Grúchenka: tudo isso exprime o caos e a "depressão"). Ivan Karamázov também não é desprovido do "telúrico" amor à vida elementar dos Karamázov. Ele diz: "convence-te a ti mesmo de que tudo, ao contrário, não passa de um caos desordenado, maldito e, quem sabe, demoníaco [...] mas eu, apesar de tudo, quererei viver" (xiv, 210). "Ainda que eu não acredite na ordem das coisas, mas os caminhos, que se cobrem das folhinhas da primavera, são como visgo para mim [...] aqui instintivamente, aqui intimamente você ama" (xiv, 209). Apesar de tudo, no fundo, Ivan é racional e organizado, em oposição a Dmítri. Racionalmente ele não quer "amar a vida além do sentido que ela tem", "antes da lógica" (xiv, 210), como o aconselha Aliocha. Nós sabemos o quanto é característica para Dostoiévski, a começar de *Memórias do Subsolo*, a oposição da "vida viva" e da "lógica", o ceticismo em relação à "lógica", à "aritmética" etc. Ivan é um teórico e para ele (assim como para Raskólnikov) "os milhões não são necessários, mas é necessário permitir o pensamento". Ivan Karamázov caminha para o caos pela via intelectual: "eu nunca pude compreender como é possível amar ao próximo" (xiv, 215) e "sofrer ingenuamente pelo outro" (xiv, 217), ao que, justamente, Dmítri se sente inclinado de coração, sem maiores reflexões. Ivan acha que, tendo em vista que "o sofrimento existe", mas "não há culpados" (xiv, 222), então "o mundo se sustenta sobre absurdos" (xiv, 221). É verdade que aqui a lógica já se sustenta também sobre o sentimento: "a harmonia não vale sequer as lágrimas [...] de uma criança"; "Eu não desejo a harmonia, pelo amor ao próximo eu não quero [...] Eu devolvo [...] o bilhete" (a Deus. – *E. M.*; xiv, 223). A posição de Ivan (mesmo a propósito das "lágrimas de uma criança") é diretamente oposta à posição de Dmítri, pronto a sofrer pelo próximo, particularmente pela "criança" que chora. Desse modo, Ivan não só constata o caos geral, mas também revela-se como seu ideólogo, na medida em que rejeita a harmonia do mundo.

Detalhe característico: nessa mesma conversa com Aliocha, Ivan exprime o desejo de visitar a Europa, embora "tudo isso já seja há muito tempo um cemitério" (xiv, p. 210), isto é, algo pior do que o caos (cf. o ódio de Dmítri à América). À diferença do "eslavófilo" Dmítri, Ivan como que se revela um "ocidentalista". Esse ocidentalismo e a rejeição da harmonia constituem as origens da "Lenda do Grande Inquisidor", elaborada por ele.

O Grande Inquisidor, que, em parte, encarna o catolicismo com suas pretensões estatais, o qual Dostoiévski abomina, rejeita Cristo e sua ordem, achando que a liberdade proclamada por Cristo leva justamente aos "horrores da servidão e à confusão", mas acabará construindo a "torre de Babel" aquele "que a alimentar", apoiando-se no "milagre, no mistério e na autoridade" (xiv, 232). O Inquisidor está convencido de que "é preciso seguir pela indicação do espírito sábio, do espírito terrível da morte e da destruição, e por isso aceitar a mentira e o engano e levar as pessoas agora já conscientemente à morte e à destruição", para que "esses pobres cegos se considerem felizes" (xiv, 238). O Inquisidor ameaça queimar o Cristo que apareceu, mas, vendo a humildade desse último, deixa-o ir. Temos diante de nós uma interpretação peculiar do mito escatológico do Apocalipse sobre o Anticristo e a segunda vinda de Cristo no final dos tempos. Aliócha, expressando o pensamento de Dostoiévski, vê no "Inquisidor" e nos seus seguidores um exército "para o reinado futuro de todo o mundo terrestre" (xiv, 237). Existe a ideia de comparar esse quadro escatológico, pintado por Ivan, com um quadro dos tempos primordiais e da primeira transgressão da ordem (o rapto de Perséfone e o empobrecimento da terra em virtude da tristeza de Deméter), descrita por Schiller e citada por Dmítri Karamázov. Assim *Os Irmãos Karamázov* incluem o tema do caos, seu surgimento e interpretação numa dimensão cósmica.

Quanto a Ivan Karamázov, verifica-se que ele, tendo partido do horror ao caos e ao mal, termina com a justificação da inevitabilidade de ambos. Por trás de tudo isso, como suspeita Aliócha, está a descrença em Deus, ainda que não absoluta, como notou sutilmente Zossima por sua vez, e a conclusão temerária sobre o fato de que "tudo é permitido" (cf. Raskólnikov). Mas toda essa posição, como reconhece Ivan com ironia, é sustentada "pela força da vileza dos Karamázov" (xiv, 240). Em outras palavras, a lógica intelectual de Ivan Karamázov é sustentada interiormente por aquilo que Jung chama de "sombra", ou seja, a parte inconsciente e demônica da alma, no sentido conhecido. O diabo, que apareceu diante de Ivan Karamázov numa visão delirante, manifesta-se como a personificação desta sombra. Correspondem literalmente à ideia da "sombra" as palavras que Ivan Karamázov dirigiu ao Diabo: "você é a personificação [...] dos meus pensamentos e sentimentos, só que dos mais sórdidos e tolos" (xv, 72). E segue-se a fala de Aliócha sobre o Diabo: "*Ele* [...] é eu mesmo. Tudo o que em mim é vil, infame e desprezível!" (xv, 87). O Diabo observa ironicamente: "Eu e você somos uma única filosofia" (xv, 77).

Temos diante de nós um quadro da divisão da personalidade, proposto ainda nas primeiras obras de Dostoiévski, sobretudo na imagem de Versílov, e idêntico à representação arquetípica sobre a dupla natureza do herói. Naturalmente, vem à cabeça a comparação com Fausto-Mefistófeles ou com Medardo e seu duplo em *O Elixir do Diabo* de Hoffmann, mas tais comparações são insuficientemente exatas, assim como o Diabo é como que um duplo "interior", um espírito da "sombra". Mas, como se sabe, Ivan Karamázov possui também um duplo "externo", o meio--irmão e filho ilegítimo de Fiódor Karamázov, o criado Smerdiákov, filho da *iuródivaia* do lugar Lizavieta Smerdiákov (que, por sua vez, constitui um paralelo contrativo a *iuródivaia* em sentido mais elevado, a "histérica", mãe de Ivan e Aleksei).

Ivan Karamázov desejava secretamente a morte de seu pai e sua partida como que abriu caminho a Smerdiákov para a perpetração desse crime; ao mesmo tempo, com suas declarações ("tudo, ao que dizem, é permitido", xv, 61), ele o sancionou teoricamente. No íntimo de Ivan a compaixão para com Smerdiákov é substituída pela aversão, quando Smerdiákov admite uma espécie de "familiaridade": "passei a considerar-me [...] como que solidário a Ivan Fiódorovitch" (xiv, 243). A Ivan Karamázov, que fica extremamente perturbado com a notícia da morte do pai ("no íntimo não sou também um assassino?" – pergunta-se Ivan, achando ainda naquele momento que o assassino é Mítia, xv, 59), Smerdiákov diz: "vá para casa, *não foi o senhor quem matou*", e logo em seguida: "Mas eis que o senhor também matou [...] Ou o senhor pretende jogar toda a culpa unicamente sobre mim, assim na minha cara? [...] o principal assassino é o senhor, eu fui apenas seu cúmplice" (xv, 59), e mais adiante: "matei junto com o senhor" (xv, 61), "incubiu-me de matar" (xv, 63). No julgamento o próprio Ivan diz: "Ele matou, mas eu o induzi a matar..." (xv, 117). No final das contas ambos não resistem: Smerdiákov enforca-se, enquanto Ivan perde a razão. A ideia da duplicidade é expressa com o máximo de nitidez na seguinte imagem:

O criado Smerdiákov estava acomodado no banco junto do portão [...] e Ivan Fiódorovitch logo que pôs os olhos sobre ele compreendeu que também em sua alma estava acomodado o criado Smerdiákov e que justamente essa pessoa não conseguia tirá-la de lá de dentro [xiv, 242].

Aqui Smerdiákov como que se iguala ao "diabo".

Como típico anti-herói, Smerdiákov é dotado quase exclusivamente de traços "negativos e abjetos"; "é insociável", "arrogante", "desprovido de qualquer gratidão" (xiv, 114), odeia a Rússia e lamenta que Napoleão não a tivesse dominado, desculpa a renúncia do soldado à ortodoxia no cativeiro turco, sonha emigrar para a França com o dinheiro. Fetiukóvitch define-o como "uma criatura [...] decididamente maligna, excessivamente ambiciosa, vingativa e profundamente invejosa" (xv, 164). Ele é um sádico, enforcava gatos quando criança e rejubilava-se com isso. Smerdiákov é dono de "um amor-próprio incomensurável [...] ferido" (xiv, 243), o que é parcialmente explicado por sua condição de filho ilegítimo (cf. o sofrimento de *O Adolescente*) e de criado do próprio pai, ou seja, por elementos desse mesmo caos social. Mas não é isso o principal. Merece atenção sua característica de "contemplador" (xiv, 116) e suas tentativas de fundamentar lógica e racionalmente os procedimentos amorais e a descrença em Deus constituem uma espécie de paródia ao intelectualismo negativo de Ivan Karamázov ("homem inteligente", com o qual "é interessante conversar", xiv, 254). Existe aqui um elemento de imitação inábil, um dos traços característicos da variante negativa do "herói" arquetípico.

Não como duplo, mas como uma espécie de paralelo vulgarizado a Ivan revela-se ainda o egoísta racionalmente interesseiro Rakítin, que "polemiza" diretamente com Aliocha Karamázov.

É evidente que no outro polo por comparação com Ivan e sobretudo com Smerdiákov está Aliocha, "um menino pacato", "humanitário precoce" (xiv, 17), uma personagem no fundo angelical (ainda que até "realista", como afirma o narrador), chamado de "bobo" (o que o aparenta com o príncipe Míchkin), portador do bem, da benevolência, do amor ao próximo e sobretudo às crianças (cf. a preocupação de Dmítri com as "crianças que choram", as reflexões de Ivan sobre as lágrimas de uma criança, a amizade do príncipe Míchkin com as crianças), conciliador de todos, que enternece até mesmo Fiódor Karamázov.

Sabe-se que Dostoiévski, que não pretendia de modo algum abandonar o projeto da *Vida de um Grande Pecador*, planejava um futuro para Aliocha com provações e pecados, e, possivelmente, até crimes e castigo. Mas esta perspectiva não se realizou, como também não se realizaram seriamente as "ressurreições" planejadas por Dostoiévski para outros heróis seus. E Aliocha no sistema de imagens de *Os Irmãos Karamázov* ocupa justamente uma posição "angelical".

Como já foi observado, Dostoiévski não obtinha êxito nas biografias hagiográficas com a representação da evolução dos heróis. Na prática, ele sempre retratava a situação da luta do bem com o mal, do cosmos (entendido por ele do modo cristão) com o caos (concretizado como a desagregação individualista burguesa da unidade do povo e a perda do solo nacional, inseparável da crença religiosa), da luta que acontecia tanto na família e na sociedade como na alma das personagens isoladas.

Convém, sobretudo, notar em Dostoiévski o tratamento peculiar dado aos arquétipos do herói/anti-herói e do motivo dos duplos a eles ligados.

Oferecendo uma análise literária da realidade russa num momento de reviravolta sócio-histórica aguda, Dostoiévski sintetizava nos limites essa análise, ampliando-a até as dimensões cósmicas do mundo, que de modo paradoxal levou ao renascimento dos velhos arquétipos com sua envergadura mitológico-

-cósmica e, ao mesmo tempo, ao seu extraordinário aprofundamento e generalização.

* * *

Uma conclusão peculiar da transformação dos arquétipos antigos, que foram examinados ligeiramente (antes de mais nada, no plano da correlação do caos e do cosmos, do herói e do anti-herói) na literatura clássica russa, pode ser encontrada, já nos quadros do simbolismo, em Andrei Biéli, principalmente em seu *Petersburgo*. Sem dúvida, não cabe aqui uma análise do simbolismo de Biéli. Gostaria apenas de abordar de passagem alguns motivos de *Petersburgo* como uma espécie de epílogo ao que foi dito antes.

Andrei Biéli, em *Petersburgo*, orientou-se de modo manifesto e consciente para a tradições de Púchkin (sobretudo por causa do Cavaleiro de Bronze, que constitui um símbolo de Petersburgo; tenhamos em vista o próprio monumento, e o poema de Púchkin), de Gógol e Dostoiévski (para esse último sobretudo pelo modo profundo, a despeito da atitude complexa e ambivalente para com ele do autor de *Petersburgo*) e, mais do que isso, transforma e aproveita seus mais importantes motivos, personagens e concepções. Mas simultaneamente Biéli, também de modo ainda mais consciente, mitologiza – como é peculiar a muitos autores da primeira metade do século XX (foi observada muitas vezes a famosa semelhança de Andrei Biéli e J. Joyce). Sobre a utilização da imagem da árvore universal e de seus equivalentes na obra de A. Biéli, escreve, por exemplo, N. G. Pustíguin (1986). Os motivos cósmicos em *O Pombo de Prata* de A. Biéli, as obras, que precedem *Petersburgo*, são tratados no trabalho de Karlson (1982); cf. também os símbolos apocalípticos em A. Biéli em Cioran (1973). Nesses trabalhos não se trata fundamentalmente de *Petersburgo*. O "cosmicismo" de A. Biéli está ligado com seu stei-

200 ❧ E. M. MELETÍNSKI

nerismo. No trabalho de Magnus Ljunggren, *Sonho da Renascença* (1982), justamente *Petersburgo* é analisado, e trata-se no fundo não dos arquétipos mitológicos, como pode parecer, a julgar pelo título, mas principalmente dos complexos infantis (no sentido freudiano) como base do tema.

L. K. Dolgopólov, no artigo "Primeiros Encontros. Sobre o Destino Pessoal e Literário de Andrei Biéli" (1988), aponta de modo justo:

> Biéli foi o primeiro na literatura russa, se não na arte verbal em geral, a ver o homem que se encontra no limite de duas esferas da existência, a do mundo empírico, material e palpável e a do mundo "espiritual" (convencionalmente falando), do cósmico, particularmente do mitológico, do pré--histórico, em todo caso do imaginável apenas nos aspectos categoriais. Eis que essa permanência no limite do dia a dia e do ser, da vida empiricamente quotidiana e das "correntes de ar cósmicas", que sopram dos cantos infinitos do Universo [...] também revela no homem tais qualidades e propriedades da natureza, as quais em quaisquer outras circunstâncias não poderiam ser reveladas [Dolgopólov, 1988, 51].

Num outro artigo, em anexo à ultima edição integral de *Petersburgo* de A. Biéli, esse mesmo autor, seguindo outros estudiosos, trata dos motivos bíblicos do Apocalipse em A. Biéli. Ele sustenta, em particular, que o nome do senador Ableúkhov Apollon constitui um eco do nome do mago Apolônio, que acompanha o Anticristo no Apocalipse [Dolgopólov, 1981, 553]. Demonstro abaixo uma hipótese diferente a respeito disso.

V. Pískunov, no artigo "O 'Segundo Espaço' do Romance de A. Biéli *Petersburgo*" (1988), procura fazer uma análise da organização mitológica do espaço ("o alto astral", o "baixo infernal", unidos pelo motivo do abismo etc.), que ele relaciona à tipologia da tragifarsa barroca. Eu também, afora todo o resto, vejo em *Petersburgo* uma reprodução do ponto de vista modernista dos antigos arquétipos do caos/cosmos e do herói/anti-herói.

A manipulação obscura e parcialmente inconsciente dos arquétipos em Dostoiévski atinge aqui um grau elevado de explicitação, que não interfere no conhecido caráter irônico, inseparável da mitologização na literatura do século xx. Além disso, A. Biéli leva à conclusão definitiva as transformações dos arquétipos na literatura clássica russa.

O tema do caos, que abala o cosmos histórico por dentro e por fora, os motivos proféticos que se aproximam da catástrofe escatológica lotam *Petersburgo*. As almas de todas as personagens são dominadas por um pressentimento do "fim". Até um certo Stienka, recém-chegado de Kólpin, transmite a um zelador conhecido os boatos e as profecias sobre o fim do mundo: "falta uma década para o começo do fim [...] é preciso construir uma Arca de Noé". Tudo isso antes da "segunda vinda de Cristo". E servem como sinais da aproximação do fim do mundo os boatos ("um furacão que atingiu Moscou") e a "revolta" esperada em Moscou [Andréi Biéli, 1981, 104-105]. O revolucionário Aleksandr Ivánovitch "sabia tudo de cor: haverá, haverá dias sangrentos, prenhes de horror: e depois, tudo desaparecerá: oh, rodopiem, oh, voem, últimos e nem por isso incomparáveis dias!" (p. 252).

As expectativas escatológicas relacionam-se com o destino da Rússia e, de modo mais concreto, com as demonstrações revolucionárias e as greves, com a revolução de 1905. "É outubrina esta canção de 1905" – "UUUU – UUUU – UUU" – ressoa como "o som de um certo outro mundo" (p. 77). "A cor vermelha, naturalmente, era um emblema para a Rússia do caos que levava à perdição" (p. 163). No plano da ironia esse motivo é apresentado de tal modo que a estudante Soloviova, afinada com a revolução, deseja propor um casamento civil a Nikolai Ableúkhov, filho do senador, após ele ter praticado um ato terrorista e ante a "explosão do mundo inteiro" (p. 116). Além disso, na qualidade de força escatológica surge a "ameaça do Oriente", são esperadas novas hordas de mongóis (nisso incluem-se também as impressões decorrentes da guerra russo-japonesa): "aproximam-se os tropéis [...] estes são os cavaleiros de ferro" (p. 348); "qual um tropel distante; são os cavaleiros de Gêngis-Khan" (p. 361). O revolucionário Dúdkin diz: "Nós [...] temos algo de tártaro, de mongol" (p. 89). Não é à toa que o chefe revolucionário ("Fulano") lembra na aparência um mongol ou um híbrido de tártaro e semita (cf.: V. Soloviov a respeito do "pan-mongolismo", "Os Citas" de A. Blok, "Os Hunos do Futuro" de V. Briússov e etc.).

Em relação ao destino da Rússia é utilizada também a imagem do Cavaleiro de Bronze, transformado ainda por Púchkin num verdadeiro mitologema:

a Rússia foi dividida em duas [...] Tu, Rússia, és como um cavalo [cf. também a *troika* de Gógol. – *E. M.*]! Para a escuridão, para o vazio projetaram-se os dois cascos dianteiros; e foram solidamente fincados no solo de granito os dois de trás. Gostarias por acaso de separar-te da pedra que te sustenta, como foram separados do solo outros insensatos filhos teus [cf. *leitmotiv* de Dostoiévski. *E. M.*], gostarias por acaso de separar-te da pedra que te sustenta e ficar suspenso no ar sem freio, para depois precipitar-te no caos das águas? [...] um salto por cima da história será; grande será a agitação; a terra será fendida; as próprias montanhas desmoronarão devido à excessiva *covardia*, as planícies natais devido à covardia esvair-se-ão por toda a parte em corcovas. Nas corcovas ficarão Níjni, Vladímir e Uglitch. Petersburgo mesma cairá. Serão lançados de seus lugares para esses dias todos os povos da terra; haverá uma enorme batalha – uma batalha sem precedentes no mundo: hostes amarelas de asiáticos, que se deslocarão dos lugares habituais, avermelharão os campos europeus com oceanos de sangue; será, será uma Tsusima! Será uma nova Kalka!... Campo de Kulik, eu espero por ti! Resplandecerá nesse dia o último Sol sobre minha terra natal. Sol, se não saíres, então [...] a espuma irá se encrespar sobre essas margens; os seres da terra natal descerão ao fundo dos oceanos – no caos da terra primordial, há muito esquecido... [p. 99].

Como uma espécie de eco "carnavalesco" ou de "duplo" do caos mundial ou pan-russo surge o baile de máscaras, no qual Nikolai Apollônovitch Ableúkhov agita-se numa fantasia de dominó vermelho (o que gera um escândalo), e onde ele recebe um bilhete com a missão de eliminar a bomba seu pai-senador. No baile um "arlequim" canta a canção:

As avenidas, o porto, as ruas
estão cheios de boatos funestos!...

...

Mas não há legislação,
Não há regras extraordinárias!

...

Mas ato terrorista,
Hoje, todo mundo pratica.
[p. 171)

Este baile-mascarada e a atmosfera à sua volta lembram a "festa" de *Os Demônios* de Dostoiévski, que simboliza o caos solapante; eles lembram também, em parte, a ambiência de *A Feira de Sorotchinsk* de Gógol, onde redemoinha um demoníaco Manto Vermelho, deixando a todos transtornados. A roupa vermelha exala inclusive "um odor de certos excessos satânicos que envenenam para sempre a alma, como o ácido cianídrico" (p. 136). Além disso tudo, em *Petersburgo* o dominó vermelho de Nikolai Ableúkhov é visto por seu pai Apollon Apollônovitch como o símbolo do caos e da revolução. É verdade que Nikolai Apollônovitch concordara em realizar a tarefa revolucionária que lhe fora pedida por razões circunstanciais, concordância essa facilitada pelo fato de "seus preconceitos terem-no há muito abandonado" (p. 234). Ele "semeou com fartura a semente das teorias da insensatez de qualquer compaixão" (p. 215). No que se refere a Aleksandr Ivânovitch, o ideólogo revolucionário, aquele que prega diretamente "a necessidade de destruir a cultura" e "o chamado dos mongóis", ele ensina que "costuma sobrevir um período de ferocidade saudável" e que uma "boa barbárie" deve "contaminar o coração com o caos, que já há tempo por ele clama nas almas", conclama a "tirar a máscara e estar aberto ao caos", e aprova o satanismo, na medida em que "no satanismo há um culto descarado do fetiche, ou seja, uma saudável barbárie" (p. 292). No delírio de Aleksandr Ivânovitch entrevê-se o demônico Enfranchich (ele é o persa Chichnarfnè, mas no outro mundo onde tudo "flui [...] numa ordem inversa", p. 299), que chega, em busca de sua alma, como "convidado de bronze". Este último prende-se diretamente ao "convidado de pedra" e ao "cavaleiro de bronze" de Púchkin: "Estou lembrado... estava esperando por você", "Ribombaram os tempos: este estouro eu ouvi. Ouviste-o tu?" "Salve, filho!" [...] "em completo delírio Aleksandr Ivánovitch tremia em um monstruoso amplexo: o Cavaleiro de Bronze vertia seus metais em suas veias" (pp. 306-307).

É curioso notar que Nikolai Ableúkhov, que recebe a missão de matar com uma bomba o seu próprio pai (apoteose do caos), também vê, em delírio, um "beato mongol" "sob o aspecto de um pregador" (Ableúkhov tinha realmente um ancestral mongol, Ab-Lai). Este ancestral mongólico atribuiu-lhe – antes dele nascer – uma grandiosa missão: "a missão de destruir" e transformou-o em "a bomba de Turan". O mais jovem dos Ableúkhov identifica-se mentalmente com seu antepassado (e, parcialmente, com seu próprio pai). Ele e os cavaleiros tamerlães "atiraram-se pela Rus a galope [...] e como naquela época ceifou milhares por lá, hoje ele quis explodir: jogar uma bomba no pai [...] o tempo interrompeu seu curso [...] e tudo pereceu" (p. 238). À noite "a luminosidade púrpura do céu rompeu-se um pouco, misturando-se ao respingar do sangue numa treva opaca jamais vista" (p. 240).

OS ARQUÉTIPOS LITERÁRIOS 🌸 205

Dessa forma, a temática revolucionária e a escatológica coincidem plenamente e com o mesmo tom colorido quanto ao mito da "invasão mongólica". No que se refere ao assassinato do pai, A. Biéli propõe também associações mitológicas antigas com Crono (Saturno) e com a luta de gerações dos deuses, não no fim, mas no começo dos tempos.

Ao lado do aspecto temporal (pertinente à interpretação dos destinos últimos do universo) são dadas as oposições como que espaciais do cosmos e do caos. Este tipo de oposição espacial atua na maioria das vezes como oposição centro/periferia, por isso ela é vista habitualmente através da consciência de Apollon Apollônovitch Ableúkhov, o senador conservador representante do poder estatal, que vê Petersburgo como uma espécie de centro cósmico. Lá, o solo plano rigorosamente regular opõe-se, em sua fronteira petersburguesa, aos espaços abertos russos de mais além. Petersburgo é vista por Ableúkhov como o verdadeiro pilar do cosmos: "Petersburgo inteira é a infinidade das perspectivas elevada à enésima potência. Além de Petersburgo não há mais nada" (p. 22). A Petersburgo opõem-se as ilhas e mesmo as outras cidades vistas como um "amontoado de casas de madeira" (p. 20). O senador Ableúkhov pensa com seus botões: "A que veio das ilhas é uma raça bastarda... o habitante das ilhas se considera petersburguês, mas na verdade trata-se do habitante do caos que ameaça a capital do Império" (p. 21). Nos olhos da "desconhecida" o suspeitoso senador vê aquele mesmo "caos ilimitado, a partir do qual a casa antiga do senador patrulha a distância nublada e ruidosa de tubos e trombas e a Ilha Vassílievskaia" (p. 26). "Abater, esmagar as ilhas inquietas! [...] Furá-las em todas as direções com as agulhas das perspectivas" (p. 21) "varrer a indócil multidão" (p. 229).

Ele queria [...] toda a superfície esférica do planeta abarcante, como anéis terrestres, como cubos de fumaça cinza-preta; que a terra toda, apertada pelas perspectivas, numa corrida cósmica linear cortasse a imensidão com a certeza de uma lei; que a rede das perspectivas paralelas seccionada por outra rede de perspectivas se ampliasse em abismos universais, com superfícies de quadrados e cubos: um quadrado para cada burguês (p. 21).

Uma visão desse gênero da correlação entre cosmos e caos apoiava-se no tipo de mentalidade de Ableúkhov, sua lógica abstrata, literalmente geométrica. Ele tendia à simetria. Sua figura geométrica favorita era o quadrado; mesmo uma secção cônica suscitava sua impaciência, uma linha em zigue-zague, então, ele não conseguia suportar. Não é por acaso que ele atribuía a uma visita inoportuna "mãos em zigue-zague" (p. 33). "Ele temia os espaços, temia-os mais que aos zigue-zagues, [...] e corria solta a desmedida: o Império Russo à frente – abria a mão de gelo: incomensurável" (p. 78). Além disso, Apollon Apollônovitch tinha com as livres associações mentais a mesma relação que mantinha com as superfícies" (pp. 33-34), "essas singularidades ele as reduzia de novo à unidade" (p. 35). Por exemplo, para ele não existiam ratinúnculos, miosótis etc., mas tão somente as flores como um todo, como uma generalização. Para o senador a música não passava de um aglomerado irritante de sons, uma estridência vítrea sem sentido. A "juventude dançante" era considerada por ele "uma ameaça à ordem pública" (p. 179). Tanto para o senador, quanto para seu filho, definitivamente, "a lógica tinha-se desenvolvido em prejuízo da psique. A psique deles estava um caos" (p. 109). Quanto à personalidade, o senador achava-a por vezes "um estojo [...] vazio, esvaziado" (p. 50) e o parágrafo era como "os treze signos do zodíaco" (p. 333). A chegada do caos parecia manifestar-se no fato de que: "Agora já não existem nem regras, nem parágrafos!"(p. 140).

O pai, o velho Ableúkhov, era positivista e admirador de Comte, enquanto o filho era kantiano ou neokantiano, ambos porém mantinham-se nos limites de um extremo racionalismo. Nikolai Ableúkhov, o filho, esforça-se por "fugir de qualquer tipo de indeterminação chamado mundo ou vida". A terra parece-lhe "um caos habitudinário" (p. 45). Vale lembrar as reflexões dos heróis de Dostoiévski sobre a "lógica" e a "aritmética" estéreis arrancadas da "vida viva" e capazes de levar a consciência a um beco sem saída.

Ironicamente, o senador Ableúkhov iguala-se a deus que "se eleva sobre a escuridão" e por isso mesmo instala uma "repartição" burocrática onde "de uma ordem a outra origina-se como que um raio diabólico a penetrar a escuridão provinciana" (p. 336 – note-se aqui a alusão irônica a Zeus trovejante. Para outra alusão a Zeus, veja-se também p. 35). Embora ironicamente, o senador tendia a parecer-se com um profeta, "o criador de uma raça", da estirpe de Adão, de Sim, da dinastia de Ab-Lai (p. 11). O próprio senador acha que "cada funcionário é um herói" (p. 199). Só que ele se demonstra uma falso "herói cultural" e Petersburgo, por ele adorada, uma fonte falsa da ordem cósmica, uma vez que o despotismo e o burocratismo tinham-se tornado, eles próprios, as nascentes do caos. Ele se atribui ironicamente uma característica demônica: o apelido de "morcego que se alimenta de leite" e diz ter visto – qual vidente, em lugar de seu próprio rosto –, "a cabeça de Medusa, uma das górgones, e devido a essa cabeça fui tomado por um horror medúsico" (p. 50). Sempre ironicamente o autor dá-lhe um nome: Apollon Apollônovitch.

De qualquer maneira, o que pode ser salientado aqui é o caráter "pétreo" e desapiedado de Ableúkhov e de Petersburgo. Apollon Apollônovitch compara-se à estátua do homem barbado que se encontra à entrada da "repartição" (Ableúkhov tem o "rosto de pedra" e "olhos de pedra"), mas o barbudo de pedra é comparado e associado ao Cavaleiro de Bronze – o consagrado símbolo de Petersburgo.

208 ❀ E. M. MELETÍNSKI

Uma outra maneira de olhar para a cidade, já não como símbolo da ordem ou do cosmos, é a partir das ilhas:

> Meu desconhecido das ilhas já há tempo odiava Petersburgo: lá, de onde se erguia Petersburgo numa vaga de nuvens; e os edifícios exalavam vapores; sobre eles parecia planar alguém obscuro e mau, cujo respiro ia descascando bruscamente o gelo dos granitos e das pedras das outrora engalanadas ilhas; alguém sombrio, frio e ameaçador vinha de lá, do caos urrante, e lançava seu olhar pétreo, batia com suas asas de morcego o vapor insano (p. 24), [...] sobre os malditos montes de edifícios, que se erguiam daquela margem de uma onda de nuvens, – um alguém minúsculo estufava do caos e nadava ao longe qual pontinho negro (p. 32).

Em outro momento Petersburgo é caracterizada como uma "mancha de sangue vermelho" e como uma "turvação amarelada e sanguínea". "Não estaria lá a origem da geena infernal?" (p. 49). Esta última imagem é recorrente nas páginas do romance: Petersburgo apresenta-se como "uma opacidade turva, surgida dos pântanos miseráveis da Finlândia sobre a goela incandescente escancarada da vasta geena da Rússia" (p. 203). Chichnarfnè diz que Petersburgo "também pertence ao país do mundo do além..." (p. 295). Quanto ao Cavaleiro de Bronze é dito: "Eu me perdi sem possibilidade de retorno". Nem há necessidade de lembrar aqui as infindáveis observações esparsas sobre o frio, a nebulosidade, o sombrio de Petersburgo, tão abundantes quanto as que encontramos em Gógol.

Dessa forma, vista do centro (despótico, burocrático, afastado da "vida viva") a periferia parece o caos e visto da periferia, o centro, igualmente parece o caos ou o inferno. O caos penetra também na consciência das pessoas isoladas: do revolucionário Aleksandr Ivânovitch Dúdkin, do revolucionário por obrigação Nikolai Apollônovitch Ableúkhov e mesmo do conservador irredutível Apollon Apollônovitch Ableúkhov. O caos se alastra na maioria das vezes sob o aspecto de um delírio, quando a consciência como que se arranca das fronteiras do corpo. Quando isso ocorre, Nikolai Ableúkhov sente dentro de si um "Nikolai Apollônovitch segundo", "um ser sem consciência", enquanto na consciência de Dúdkin introduz-se o fantástico Enfranchich, uma espécie de duplo demônico semelhante ao diabo de Ivan Karamázov. Porém, todo o tema da luta entre caos e cosmos no espírito humano é menos forte em Andréi Biéli do que em Fiódor Dostoiévski. Não é por acaso que no romance fala-se com humor do perigo do caos e da duplicidade da alma feminina. "Não se deve despertar o caos nas mulheres [...] em cada dama então se esconde uma criminosa". Em Angel Peri "deste caos [...] surgiu uma incompreensível maldade" (p. 125). As damas são capazes de vacilar indo do demonismo ao heroísmo e da criminalidade à santidade. Angel Peri, dividido, oscila entre a revolução e o espiritismo (lembre-se do lugar importante que sempre ocupou em Dostoiévski a dialética do bem e do mal na alma das personagens femininas).

Basicamente, no *Petersburgo* de Andréi Biéli a vida terrena é a morada do caos, enquanto a harmonia universal pertence às alturas celestiais. Embora Dostoiévski, conforme foi visto, tenha procurado obstinadamente as fontes da harmonia na alma humana, ainda assim o peso específico do caos é grandioso. Mesmo no *Petersburgo* de Andréi Biéli o caos domina decididamente.

Tal como em *Os Irmãos Karamázov*, a culminação do caos em *Petersburgo* está ligada ao tema do parricídio. Certo tipo de herança paterna permaneceu, de modo diferente, em todos os filhos de Fiódor Karamázov; em *Petersburgo* a semelhança entre Apollon Apollônovitch e Nikolai Apollônovitch é ainda mais acentuada, chegando a constituir um dos motivos do estranhamento recíproco e mesmo do ódio. Nikolai Apollônovitch, "embora fosse feito à imagem e semelhança do pai" (uma espécie de paródia estilística!), "o amaldiçoava" (p. 108). "Esta proximidade insuportável Nikolai Apollônovitch a sentia como um ato fisiológico vergonhoso" (p. 109). Ambos chegam à conclusão de que o outro é "um patife inveterado": "ambos se temiam, era como se cada um deles tivesse prescrito ao outro uma pena capital" (p. 120), embora "nem uma fera teria feito isso, exigir de um filho insensato que levantasse a mão contra o pai" (p. 170). Nikolai Ableúkhov, que recebe a incumbência de atirar uma bomba no pai, num certo momento está pronto para "representar a comédia até o fim", ou seja, "juntar ao parricídio a mentira, [...], a vileza [...], a patifaria" (p. 330). Na ordem da associação paródica vale lembrar a balada de Goethe, "O Rei dos Elfos", onde o pai tenta proteger o filho da atração demônica do Rei da Floresta.

A desagregação das relações familiares (pai e filho) no *Petersburgo* de A. Biéli, quando comparada com a dos romances de Dostoiévski, é levada até uma abstração considerável, uma vez que a incompatibilidade entre o pai e o filho não se encontra motivada por quase nenhuma circunstância real: não há questões de dinheiro, não há rivalidade amorosa, nem constrangimentos de um nascimento ilegítimo. Paradoxalmente, o ódio é motivado pelo próprio parentesco e pela semelhança. Em particular, o caos familiar figura aqui como o lado oposto da manifestação extrema do individualismo: Nikolai Ableúkhov detesta a si próprio no pai, ou, mais precisamente, detesta dentro de si os traços semelhantes aos do pai.

Referi-me anteriormente ao nome irônico "Apollon" do senador Ableúkhov. Igualmente irônica é a comparação de Nikolai Ableúkhov com o "Dioniso atormentado" (p. 259). Nisso está, antes de mais nada, a alusão à oposição nitzschiana dionisíaco/apolíneo, as forças primordiais caóticas e harmônicas da mitologia grega. Convém notar que "o autêntico sofrimento de Dioniso [...] ao morrer" (p. 260), através de Nikolai Ableúkhov (em seus termos "ouve-se o jorro de sangue verdadeiro", "não como Kant", p. 259), destrói aqueles freios lógicos e racionais pelos quais ele, tanto quanto seu pai, tinham sido retidos, até certo ponto. Trata--se do transbordamento psicológico do caos fora da esfera do consciente e do desmascaramento da falsa ordem cósmica. A inimizade entre pai e filho está ligada à traição da mãe, ou seja, ao caos familiar total. Apenas por um momento, antes do fim da narração, a família se reúne para desfazer-se logo em seguida.

A imagem de Nikolai Ableúkhov representa a desmitificação definitiva do arquétipo do "herói". Ele representa a continuação da linha de Stavróguin em *Os Demônios*, mas leva a desmitificação até a última instância. E sequer tem aquela auréola de tédio abençoado do "homem supérfulo" que ainda existia em Stavróguin. Ele se acha bem-apessoado, mas seu aspecto assume muitas vezes traços desajeitados e de demente. Nele estão presentes "certo gelo senhorial e certo lodo de rãs" (p. 66). Nikolai Ableúkhov, que é um covarde patológico (deseja "salvar sua pele", p. 313), justamente devido à sua covardia é obrigado a passar por uma série de humilhações. É completamente leviano e sem vontade própria e tão somente devido a um caso amoroso infeliz concorda a filiar-se a um "partido leviano" e a tomar parte no terrorismo revolucionário. Arrancado pela vida viva às molduras de um logicismo e racionalismo artificiais, ele vê-se completamente perdido e abatido, tem consciência da impossibilidade de saída da situação em que se meteu e de sua aniquilação. Só durante pouco tempo ele tem a oportunidade de sentir-se um sofredor orgulhoso e uma vítima generosa: "Não havia a voz apaziguadora dizendo: 'Tu sofreste por mim?' […], mas em lugar dela, 'eu' era a sombra" (pp. 372-373). "[…] assim, ainda há pouco Nikolai Apollônovitch desenvolveu dentro de si um possível centro – da série que sai do centro irradiam premissas lógicas que determinam tudo: a alma, o pensamento, e esta é sua cruz". Agora então "sua autoconsciência atolou [...] qual mosca em liberdade [...] fica presa na densa viscosidade do mel" (p. 395). "O medo, a humilhação de todos esses dias, o desaparecimento da bomba, e finalmente, o sentimento da mais completa aniquilação, tudo isso, turbilhonando, despertou pensamentos instantâneos" (p. 404).

Stavróguin não passou a fronteira do burlesco, embora tivesse se encontrado em seus limites. O papel de bufão ficou reservado a seu "sósia" Piotr Verkhoviênski (cf. o que foi dito acima a respeito disso). Nikolai Ableúkhov, às vezes voluntariamente, mas quase sempre sem querer, aparece no papel de bufão. Literalmente sua bufonaria manifesta-se com a máscara de um manto, um dominó vermelho, o que simboliza marcadamente sua participação casual e quase burlesca no movimento revolucionário. O burlesco demonstra não ser uma brincadeira, mas a essência é. " 'A brincadeira' não era a máscara, a máscara era 'Nikolai Apollônovitch' ". Seu burlesco é demônico: Nikolai Ableúkhov "encontrou as larvas dos monstrengos e [...] transformou-se num deles. Em uma palavra, tornou-se um monstro" (p. 332). A ideia de "levar a comédia até o fim", referente à morte do pai, também soa sinistra. Conforme se sabe, a união do cômico e do demônico é um traço totalmente arquetípico, proveniente das imagens dos *tricksters* mais antigos.

No que se refere ao duplo, em *Petersburgo* este motivo paródico é desenvolvido de tal forma que o "revolucionário" e provocador que se autodenomina Pável Iákovlevitch e que empurra Nikolai Apollônovitch para o parricídio, esforça-se para convencê-lo de que ambos são irmãos, sendo ele, Pável Iákovlevitch, filho de uma costureira e, ilegitimamente, do senador (vê-se aqui um paralelo patente com Smerdiákov de *Os Irmãos Karamázov*). Mais tarde, ao reconhecer que estava brincando, ele insiste assim mesmo que continua sendo irmão dele "de fé", enquanto "terrorista plenamente convicto" (p. 210).

Outro *trickster* importante, comparável a Nikolai Apollô-novitch, da mesma forma que foram comparados Piotr Verkho-viênski e Nikolai Stavróguin, é Lippantchenko, o grego que usa um suposto nome ucraniano, semelhante a um mongol e meio semita, meio tártaro, que personificava ao mesmo tempo, tanto a revolução quanto a provocação e que se caracterizava pela astúcia e por uma obstinação "rinocerôntica" (p. 274). Ele "se ocupava de vampirismo" (p. 275) e como se fosse necessário ser libertino para não estranhar certas brincadeiras, era impiedoso e ao mesmo tempo "zombava de qualquer assunto".

Outro membro do partido revolucionário – Aleksandr Ivâ-novitch – também pode ser considerado em paralelo com Lippantchenko (que ele odeia e a quem ele mata) e com Nikolai Apollônovitch; ele serve à "causa comum" e acaba ficando completamente só, com todos os desencantamentos e as contaminações de um nitzschiano frustrado. Com isso, o anti-herói consegue plenamente o intento de eliminar e substituir os heróis e, tal como o caos, ao menos nos limites da visibilidade, faz retroceder o cosmos.

Não deixarei de sublinhar que o tratamento das categorias de caos/cosmos e das imagens de herói/anti-herói, em Gógol, Dostoiévski e Biéli está bastante distante do que é considerado o tipicamente arquetípico; mesmo assim, porém, quero insistir no fato de que aqui existe alguma ligação essencial e objetiva e, em certa medida, até mesmo consciente. O destino último desses arquétipos pode ser muito bem acompanhado nos autores mencionados, em particular em virtude da dimensão "mitológica" dos problemas por eles propostos, onde se manifestam alguns traços da literatura russa. Em particular, quanto à dos séculos XIX e XX para Biéli, podem ser traçados inúmeros paralelos com a literatura de outros países.

Claro está que na literatura russa do século XIX existiu um número considerável de escritores com uma problemática de grandes dimensões, só que por demais afastada dos arquétipos que estamos analisando. Justamente com essa literatura como fundo é que os arquétipos de Dostoiévski, Gógol, Biéli adquirem uma evidência particular. Exemplifico com um trecho da obra de Leão Tolstói, *Guerra e Paz*, romance que descreve um episódio de grande repercussão na história da Rússia e da Europa: a investida napoleônica de 1812. Tolstói não liga o choque que ele provocou à escatologia ou, mais simplesmente, ao caos e a catástrofe.

Bastaria começar pelo simples fato de Tolstói identificar Napoleão à fera apocalíptica, fato este em que Pierre está pronto a acreditar a qualquer momento. "Os rumores da guerra, Bonaparte e sua invasão juntavam-se [...] a representações igualmente confusas doAnticristo, no final do século" [Tolstói, VI, 126].

Existe apenas um único momento em *Guerra e Paz* quando o principal herói do romance, Pierre Bezúkhov, depois da pena aplicada pelos franceses aos falsos incendiários (sendo que o próprio Pierre foi chamado com o intuito de ser intimidado – cf., a este respeito, a representação indireta de algo parecido em *O Idiota*, por ocasião do relato do príncipe Míchkin), experimenta uma grande desilusão quanto à ordem do mundo, o que lembra remotamente a consideração citada anteriormente de Ivan Karamázov. Diz-se, de Pierre: "Nele, [...] desapareceu a fé e o consolo que ele encontrava tanto na humanidade, na alma humana, em Deus, [...] o mundo ruiu a seus olhos e só sobraram alguns destroços insignificantes" (VII, 41). Pierre conhece Platon Karátaev, "um homem pequeno", "o carinho e a simplicidade" [dele] (VII, 42), "que personifica tudo o que é russo, bom e redondo" (VII, 45). Faço questão de notar que a fé na harmonia do mundo (*i. e.*, na ordem cósmica) sofre um abalo temporário, não devido à interpretação escatológica do incêndio de Moscou, nem ao caos geral, personificado pela guerra terrível, mas pela visão daquela "dura ordem francesa" que se estabeleceu sobre "este ninho desfeito" (VII, 34). É característico o fato de que o fanático julgamento sumário de Verechtcháguin é exarado como expressão dessa ordem.

Tal como Dostoiévski, que protesta contra a tentativa de interpretar o mundo, governá-lo, ou principalmente reformá-lo por meio de uma lógica e de uma aritmética puramente "racionais", do tipo daquelas que aparecem no último Biéli – criador do modelo interpretativo do racionalista-despótico senador Ableúkhov –, Leão Tolstói representa ironicamente a "ordem" de tipo racionalista-iluminista que ainda não está isenta de elementos de obstinação personalista, por exemplo, na descrição do caráter e da conduta do velho príncipe Volkônski. Tolstói esboça com desprezo também os tipos dos alemães belicistas que pretendem ter "o conhecimento imaginário da verdade absoluta" fundada "na ideia abstrata da ciência" (VI, 44) e que planejam de antemão, baseados em cálculos puramente lógicos, as ações da guerra: *die erste Kolonne marschiert, die zweite Kolonne marschiert, die dritte Kolonne marschiert*" e assim por diante (IV, 298, com repetições esparsas em outros momentos do livro).

Aos estrategistas-racionalistas alemães, como é sabido por todos os que leram Tolstói, é contraposto Kutúzov, que, "sonolento e insatisfeito", dorme durante o conselho de guerra antes de Austerlitz e que "não tomava nenhuma disposição, mas que simplesmente concordava com aquilo que lhe propunham ou discordava" (VI, 215). Kutúzov é contraposto também a Napoleão, o qual "desempenhava o papel do médico que atrapalha, com seus remédios" (VI, 213), e toma medidas que "ou já tinham sido tomadas anteriormente por outrem, ou não podiam ser executadas e ninguém as executava" (VI, 213). Napoleão servia "ao fantasma artificial da vida", enquanto Kutúzov tinha "a capacidade de observar tranquilamente o suceder-se dos acontecimentos" (VI, 153).

216 E. M. MELETÍNSKI

Significativo é o fato de que Bagration também se comporta na guerra do mesmo modo que Kutúzov, sem tentar planejar e obrigar os outros a seguirem a sua vontade. Não é por acaso que Tolstói sublinha, quanto a Kutúzov: "ele é russo" (VI, 153).

Os especialistas bélicos russos se opõem aos alemães e aos franceses justamente por um racionalismo menos acentuado e por depositar menor esperança no poder da ordem. Não é casual o fato de que também as visões das paradas bem organizadas dos soldados sejam vistas ironicamente por Tolstói.

Pierre sente-se perturbado "com a estreiteza e o imediatismo da visão de mundo" de um dos senadores reunidos "na reunião preliminar da nobreza" por ocasião da análise do "manifesto do soberano" (VI, 82-83). Não deixa de ser irônica também a representação da "estranha lógica do modo de pensar" de Sperânski, o reformador profundamente racionalista, com quem se desencantou também, apesar de tê-lo anteriormente apoiado, o príncipe Andrei, recém-reanimado.

Merece atenção o fato de que, embora a guerra seja vista por Tolstói como "contrária à razão humana e a toda natureza humana" (VI, 5), ele em nenhum lugar tenta apresentá-la como imagem do caos. "A guerra é a submissão mais difícil do homem aos desígnios de Deus", pensa Pierre. A guerra, e em particular a espera da batalha, suscita nos participantes (e isso se repete importunamente dezenas de vezes!) um sentimento de "alegria", mas a alegria, no léxico de Tolstói, tem um sentido indiscutivelmente positivo (veja-se, por exemplo, a descrição dos sentimentos de Natacha). Isso está ligado, em parte, a um estado de entusiasmo puramente físico e, em parte, à manifestação da "vida viva", tão apreciada por Tolstói (veja-se algo semelhante em Dostoiévski, embora nele a atitude para com as pessoas "alegres" e para com a "vida viva" seja mais contida) e em parte também àquele princípio coletivo e popular do "enxame", que se manifesta mais

OS ARQUÉTIPOS LITERÁRIOS ❦ 217

claramente na vida do exército, da infantaria e dos que estão no fronte e se opõe à "variação" existencial cotidiana e à conhecida artifícialidade da vida social da nobreza, especialmente a mundana, com suas falsidades e convenções.

A isso acrescente-se ainda a força primordial patriótica da "guerra pátria". A guerra pátria e suas forças vitoriosas são contrapostas em Tolstói à teoria profundamente racional e insensível da guerra dos belicistas austríacos. A de 1812, em certa medida, é esboçada como sendo uma catástrofe em que o mal veio para o bem, pois liberta os heróis do romance das relações artificiais e das convenções mundanas, do caos nocivo dos egoístas e dos problemas e sofrimentos muitas vezes imaginários. A guerra é sem dúvida um acontecimento primordial, mas as forças primordiais em Tolstói, conforme já dito, não estão de forma alguma associadas ao caos nem têm uma conotação negativa. (Mesmo que em acontecimentos prosaicos da vida corrente no mundo o elemento mais forte seja o caos.) Grandes eventos históricos são frutos de forças primordiais e não do caos. "O conjunto das ações humanas fez a revolução tanto quanto Napoleão" (VI, 233). As verdadeiras "leis" da vida, *i. e.*, o mais elevado sentimento da ordem cósmica (cujo símbolo pode ser o "firmamento infinito" pleno da "grandeza do incompreensível, mas extremamente importante" que viu o príncipe Andrei – IV, 319, 333), estão justamente relacionadas com o primordial.

Para Leão Tolstói o mais "substancial" é a "vida primordial, de 'enxame', onde o indivíduo realiza as leis inevitáveis que lhe são prescritas" (VI, 7). E a guerra para ele (apesar de seu juízo em princípio ser-lhe oposto) também é algo "comum, inconsciente, da vida coletiva da humanidade" (VI, 8), à qual "o ser humano se submete inconscientemente, como meio para a obtenção de finalidades históricas comuns a toda a humanidade" (VI, 7); "apenas uma atividade inconsciente traz frutos" (VII, 15). Não há necessidade de se deter ulteriormente sobre as visadas filosóficas de Leão Tolstói na época da elaboração de *Guerra e Paz*: elas são bastante conhecidas por todos. O primordial é como que o elo da ordem cósmica. Isso se harmoniza com a idealização do homem natural e, em medida significativa, com o primordial e o ilimitado da "vida viva". O natural e o primordial são fundamentais; o que é artificial, rebuscado, é algo exterior e às vezes até mesmo "supérfluo, diabólico" (VI, 254). O demoníaco não é o caótico, mas o artificial.

Na verdade, Dostoiévski da mesma forma afasta-se também do racionalismo egoísta e insensível do modelo "ocidental" e do que se depreende do "intelecto" e da "lógica" da rebeldia de Ivan Karamázov, apreciando, ao contrário, a humanidade viva de Dmítri Karamázov e o conhecido princípio "russo" da primordialidade dele, mas, diferentemente de Tolstói, ele admitia também as relações ameaçadoras dessa primordialidade com o caos autêntico social e psicológico, incluindo-se o "familiar" (o que falta completamente em *Guerra e Paz*). Veja-se, a este respeito, tão somente a alusão ao secreto desejo da morte do pai, no coração da bondosa princesa Maria, como sendo "a tentação do demônio" (VI, 122). O problema do caos psicológico e familiar é colocado em parte por Leão Tolstói mais tarde, no romance *Anna Kariênina*, mas de forma bastante diferente da de Dostoiévski.

Uma das personagens menos racionais de *Guerra e Paz* (antes, a mais intuitiva-racional), que também ama "nosso povo russo" (VII, 223), é Nikolai Rostov, caracterizado justamente por "ter aquele saudável bom senso da mediocridade, que lhe dizia o que era necessário fazer" (V, 206). Ele se entrega às circunstâncias e não às tentativas de "construir sua vida segundo a sua razão" (VII, 24). Nesse sentido ele confere à sua vida uma "ordem" definida (VII, 223) agindo como "patrão" (VII, 224). Como isso é diferente de Dmítri Karamázov!

Assim, o primordial é categoricamente desviado do caos por Tolstói e, de uma maneira geral, a oposição comum caos/cosmos é recusada e substituída pela de primordial/natural; vivo/artificial, de certa forma segundo o espírito de Rousseau. Esta oposição encerra também a contradição entre o popular e o limitado pela convenção. O primordial tal como o casual, quando ligado a circunstâncias concretas, a impulsos pessoais de diversas tendências, ele mesmo (por exemplo, no curso da história), insere-se como "necessário", na mais elevada ordem cósmica. Isso não acontece somente na história, mas no decorrer daquela que Tolstói chama de autêntica "vida viva", apesar dos conflitos que necessariamente surgem. Sabemos que é justamente em volta deste núcleo que se desenvolve o caráter da sua preferida, Natacha.

Em certo sentido, não há dúvida de que Tolstói acena na mesma direção de Dostoiévski e, consequentemente, de Biéli, no sentido da desmitificação do arquétipo do herói. Personagens positivas do romance, tais como Pierre Bezúkhov e Andréi Volkônski, conseguem sua realização abrindo mão da atividade "heroica" tanto quanto do individualismo e do egocentrismo e, de uma maneira geral, de qualquer espécie de tentativas "artificiais" de encontrar seu lugar na vida. Em particular, nada do que o príncipe Andrei idealizava como "a minha Toulon" se tornou possível, da mesma forma que a fantasia de Pierre, de matar Napoleão. Paralelamente, desencantaram-se ambos com Napoleão, por quem se sentiam atraídos no começo da guerra. No príncipe Andrei, desiludido com suas próprias tentativas mais sérias de atividade governamental e com a corte de representantes da sociedade da alta nobreza, já há tempo notam-se os traços do "homem supérfluo", em voga na época. Daí decorre sua frieza (muitas vezes calculada), sua irritabilidade e seu tédio, bem como sua misantropia etc. Ele supera isso tudo em sua jornada rumo à descoberta e à conscientização de valores mais altos e altruísticos.

É característico que também outros jovens heróis do romance, que lutam apaixonadamente por seu lugar ao sol (como, por exemplo, Boris Drubetskoi), imitem o desgosto pela vida, que está em voga. Pierre Besúkhov (sem se referir à sua força física, mesmo que às vezes desajeitada), de todos os pontos de vista e por sua própria essência, contrapõe-se à representação tradicional do herói. O que chama a atenção nele é a excentricidade, que lembra de longe os "originais" do romance inglês, e mesmo o príncipe Míchkin de *O Idiota* de Dostoiévski. Os conhecidos de Pierre no romance, bem ou mal-intencionados, chamam-no de "o sábio excêntrico" ou "o homem engraçado", "o marido esquisito de uma mulher famosa" e mesmo "o bufão" (v, 156, 173, 198). Isso parece ainda mais natural quando se lembra que as pessoas chamavam de "maluco" a Platon Karátaiev, que foi quem revelou a Pierre o caminho para a descoberta de uma verdade mais alta. Karátaiev, em certa medida, é comparável a Makar Dolgorúki de *O Adolescente*.

Para Tolstói, Napoleão é o principal objeto e o exemplo mais importante da desmitificação dos heróis históricos mais glorificados e, em geral, de qualquer tipo de herói. Não apenas ele se demonstra aniquilável, digno de pena, narcisista, mas, além do mais, "mau ator", incapaz de influir substancialmente na vida e nos acontecimentos, apenas dando a impressão de fazê-lo, de acordo com a sua vontade. "A vida continuava seu curso independente e fora de qualquer possível modelo" (v, 131). A figura de Napoleão "não podia entrar naquela forma enganadora do herói europeu, imaginário *condottiere* que a história inventou" (vii, 162). Ele obedecia "ao fantasma artificial da vida", fora condenado a "desempenhar aquele papel triste, cruel e pesado para o qual fora predestinado" (vi, 226-227). Não apenas na desmitificação do heroísmo pessoal dos assim chamados heróis históricos, mas na absoluta desconsideração de seu papel e, de uma maneira geral, do papel das personalidades na história – é que consiste o pathos de *Guerra e Paz*.

Tolstói escreve: "Os antigos nos legaram os modelos dos poemas heroicos em que os heróis constituem todo o interesse

OS ARQUÉTIPOS LITERÁRIOS 🕸 221

da história, [...]. Para o homem de nosso tempo, a história dessa espécie não tem o menor sentido" (VI, 163). Nos lábios do príncipe Andrei também encontramos reflexões sobre essas "falsas imagens", "figuras grosseiramente esboçadas" "que representaram algo bonito e secreto" (VI, 178).

Dessa forma, o herói, ao mesmo tempo em que não é épico do ponto de vista arquetípico, transforma-se em *Guerra e Paz* num verdadeiro anti-herói, e o próprio romance, que gostam de chamar de "romance-epopeia", transforma-se significativamente em antiepopeia, sem que isso impeça que Tolstói tenha reproduzido um quadro da guerra pátria e tenha nos entusiasmado com a descrição da resistência do povo contra Napoleão.

REFERÊNCIAS BIBLIOGRÁFICAS

BIÉLI, A. *Petersburgo*. Moscou, 1981.

BLOK, A. *Sóbranie Sotchiniênii v vosmi tomákh. (Obras Reunidas em 8 Volumes, Tomo 5)*. Moscou, Leningrado, 1962.

VETLÓVSKAIA, V. E. *Literaturnye i folklórnye istótchniki 'Bratiev Karamázovykh' // Dostoiévski i russkie pissáteli. (Fontes Literárias e Folclóricas de "Os Irmãos Karamazov" // "Dostoiévski e os Escritores Russos")*. Leningrado, 1971.

VETLÓVSKAIA, V. E. *Poética Romana 'Brátia Karamázovi' (A Poética do Romance "Os Irmãos Karamázov")*. Leningrado, 1977.

VINOGRADOV V. V. *Naturalistítcheski grotésk. (Siujet i komposítsia póviesti Gógolia 'Nos') (O Grotesco Naturalista) (Argumento e Composição da Novela "O Nariz" de Gógol // Ísbrannie trudi. Poética rússkoi literatúri (Obras Escolhidas. Poética da Literatura Russa)*. Moscou, 1976.

GÓGOL, N. V. *Sobránie khudójestvennikh proisvediênii v piatí tomakh. (Obras Literárias Reunidas em Cinco Volumes)*. Moscou, 1959.

DOLGOPÓLOV, L. K. *Tvórtcheskaia istória i istórico-literaturnoie snatchênie romana A. Biélovo* Peterburg *(História da Criação e Significado Histórico-Literário do Romance de A. Biéli* Petersburgo*)*. Moscou, 1981.

DOLGOPÓLOV, L. K. *Natchalo znakómstva. O lítchnoi i literatúrnoi sudbié Andréia Biélovo. (Início do Relacionamento. O Destino Pessoal e Literário de Andréi Biéli. Problemas da Criação Literária)*. Moscou, 1988.

DOSTOIÉVSKI, F. M. *Pólnoie sobrânie sotchiniênii v trídsati tomákh. (Dostoiévski F. M. Obras Completas em Trinta Volumes)*. Leningrado, 1972-1991.

IVANOV, V. *Osnovnoi mif v romane* Biési // *Bórozdi i méji. (O Mito Fundamental do Romance "Os Demônios")*. Moscou, 1916 // *Sulcos e Limites*, Moscou, 1916.

LOTMAN, I. M. *V chkole poetítcheskovo slova. Púchkin. Lérmontov. Gógol. (Na Escola da Palavra Poética. Púchkin, Liérmontov, Gógol)*. Moscou, 1988.

MANN, I. V. *Poética Gógolia. (A Poética de Gógol)*. Moscou, 1988.

PISKUNOV, V. *Vtoróie prostânstvo romana A.* Biélovo Peterburg. // *Andrei Biéli. Problemi tvórtchestva. (O Segundo Espaço do Romance de A. Biéli* Petersburgo // *Andrei Biéli: Problemas da Criação Literária)*. Moscou, 1988.

PUSTÍGUINA, N. G. *Ob odnoi simbolítcheskoi realizatsii idei 'sinteza' v tvôrtchestve Andréia Biélovo; 1. Natchálo 900-kh godov // A. Blok i osnovníe tendêntsii rasvítia literatúri natchala xx viéka. Blókovski sbórnik VII. (Uma Realização Simbólica da Ideia de "Síntese" na Obra de Andréi Biéli: I. Começo do Século XX // A. Blok e as Tendências Fundamentais do Desenvolvimento da Literatura do Começo do Século XX. Almanaque Blokiano n. VII)*. Tártu, 1986.

TOLSTÓI, L. N. *Pólnoie sobránie khudójestvennikh proisvediênii. (Obras Literárias Completas)*. Moscou, Leningrado, 1928-1930.

CIORAN, S. *The Apocalyptic Symbolism of Belyi*. The Hague, Paris, 1973.

KARLSON, M. *The Conquest pf the Chaos: Esoteric Phylosophy and the Development of the A. Belyi's Theory of Symbolism as a World View*. Bloomington, Indiana University, 1982.

LJUNGGREN, M. *The Dream of the Rebirth. Almqquist and Wiksell International*. Stockholm, 1982.

Título	Os Arquétipos Literários
Autor	E. M. Meletínski
Tradução	Aurora Fornoni Bernardini
	Homero Freitas de Andrade
	Arlete Cavaliere
Editor	Plinio Martins Filho
Produção Editorial	Aline Sato
Capa	Paul Klee (ilustração)
	Camyle Cosentino (projeto gráfico)
Editoração Eletrônica	Camyle Cosentino
Formato	14 x 21 cm
Tipologia	Minion Pro
Papel	Chambril Avena 80 g/m² (miolo)
	Cartão Supremo 250 g/m² (capa)
Número de Páginas	224
Impressão e Acabamento	Graphium